Début d'une série de documents
en couleur

Couverture inférieure manquante

à Monsieur L. Delisle
hommage respectueux
Julien Havet

L'HÉRÉSIE

ET

LE BRAS SÉCULIER

AU MOYEN AGE

JUSQU'AU TREIZIÈME SIÈCLE

PAR

JULIEN HAVET

PARIS

H. CHAMPION, LIBRAIRE

15, QUAI MALAQUAIS

1881

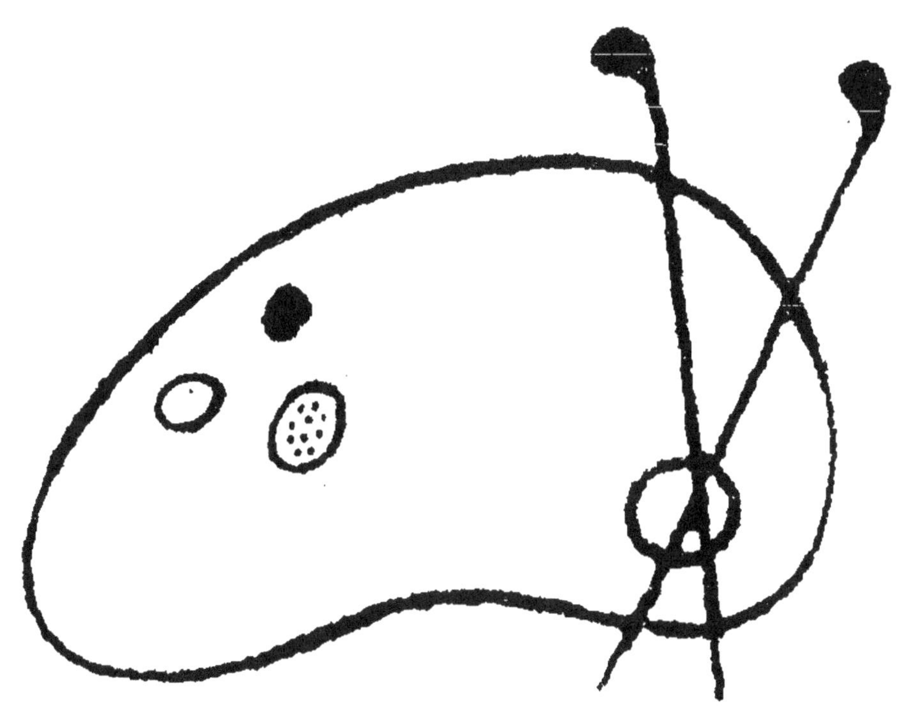

Fin d'une série de documents
en couleur

L'HÉRÉSIE

ET

LE BRAS SÉCULIER

AU MOYEN AGE

JUSQU'AU TREIZIÈME SIÈCLE

PAR

JULIEN HAVET

PARIS

H. CHAMPION, LIBRAIRE

15, QUAI MALAQUAIS

1881

Extrait de la *Bibliothèque de l'École des chartes,*

t. XLI, 1880.

TABLE.

ADDITION. — P. 4, note 3, ajoutez : Le titre du Code Théodosien *De haereticis* (XVI, 5) a été omis entièrement dans la *Lex Romana Visigothorum* (édition de Haenel, p. 248).

L'HÉRÉSIE ET LE BRAS SÉCULIER

AU MOYEN AGE

JUSQU'AU TREIZIÈME SIÈCLE.

I.

EXPOSÉ DE LA QUESTION.

Tout le monde connaît la législation sévère des derniers siècles du moyen âge sur les hérétiques. Ceux que l'église déclarait coupables d'hérésie n'étaient pas seulement passibles des censures ecclésiastiques ; après leur condamnation par l'église, ils étaient livrés à la puissance civile, au bras séculier, suivant l'expression reçue, pour subir une peine temporelle. Généralement, cette peine était la mort, et le mode d'exécution était le supplice du feu. Les condamnés étaient brûlés vifs.

Cette législation n'a pas toujours été en vigueur. La loi a varié suivant les temps et suivant les lieux. Il y a eu des époques et des pays où le bras séculier n'intervenait pas dans la répression de l'hérésie; il y en a eu où il infligeait aux hérétiques des peines moins graves que la mort. Mais la législation la plus sévère, celle qui les condamnait au supplice du feu, l'a enfin emporté sur les autres et a prévalu partout jusqu'aux temps modernes.

L'histoire de ces variations de la jurisprudence est mal connue; elle a été peu étudiée jusqu'ici. Quelles ont été les différentes sortes de peines infligées aux hérétiques, dans les divers pays et dans les divers siècles? Où et quand celle du feu a-t-elle été d'abord mise en usage? Comment a-t-elle passé d'une région dans une autre et s'est-elle établie définitivement partout? Ce sont des points sur lesquels il serait intéressant d'être exactement renseigné.

M. le professeur Ficker, dans un travail publié récemment par une revue autrichienne [1], a résolu une partie de ces questions. Il a concentré son attention principalement sur une époque, la première partie du XIIIe siècle, et sur un pays, l'empire (Italie et Allemagne). Dans ce domaine restreint, il a obtenu des résultats intéressants. Pour l'Italie, il a montré que les lois qui régissaient cette contrée au commencement du XIIIe siècle n'édictaient contre les hérétiques que des peines inférieures à la mort, et que la peine du feu pour crime d'hérésie n'y a été introduite que par des constitutions de l'empereur Frédéric II, rendues de 1224 à 1239. En Allemagne, il a fait voir que cette peine était, bien avant Frédéric II, consacrée par l'usage, mais que les constitutions de cet empereur ont les premières, par une disposition formelle, transformé cet usage en loi écrite de l'empire.

Ces deux points acquis font désirer d'en savoir davantage. Puisque, au commencement du XIIIe siècle, l'Italie et l'Allemagne appliquaient au crime d'hérésie deux peines différentes, on voudrait savoir à quand remonte cette différence, et connaître l'origine de la jurisprudence suivie dans chacun des deux pays. On voudrait connaître aussi le droit en vigueur sur ce point, à la même époque, dans les pays autres que l'Italie et l'Allemagne ; nous devons désirer surtout, nous autres Français, savoir quel était celui de la France.

Telles sont les questions que j'ai voulu essayer de résoudre. Les recherches que j'ai faites ne m'ont pas donné des résultats aussi nets ni aussi complets que je l'eusse désiré. Je crois pourtant devoir faire connaître ce que j'ai constaté, en exprimant le vœu que d'autres, mieux instruits et plus expérimentés, reprennent ces recherches avec plus de succès et donnent un jour à toutes ces questions des réponses définitives.

J'ai dû à peu près borner mes recherches aux deux grands états que j'ai nommés tout à l'heure, la France et l'empire. Ce n'est qu'incidemment et par exception que j'ai rencontré quelques renseignements relatifs aux autres pays [2].

1. *Mittheilungen des Instituts für oesterreichische Geschichtsforschung*, I. B., 1880, p. 177 à 226. Voyez aussi, dans le même volume, p. 430 et 431.

2. Même sous le bénéfice de cette réserve, j'ai pleine conscience des lacunes

L'objet du présent mémoire est donc de déterminer quelle fut au moyen âge, dans l'empire et la France principalement, l'origine des mesures de répression adoptées par les puissances temporelles contre les hérétiques, et de suivre les variations de ces mesures jusqu'à l'époque où (comme M. Ficker l'a montré en ce qui concerne l'empire) le supplice du feu prévalut définitivement, c'est-à-dire jusqu'au milieu du XIIIe siècle[1].

II.

JUSQU'A LA FIN DU Xe SIÈCLE.

Le haut moyen âge, qui a connu peu d'hérésies, n'a pas eu de législation temporelle contre les hérétiques.

L'empire romain avait fourmillé d'hérésies, et les constitutions des empereurs avaient porté contre les hérétiques des peines sévères[2]. Mais rien de tout cela n'a survécu à la domination des empereurs sur l'Occident.

En Gaule, les successeurs des empereurs ont été les rois ariens des Bourguignons et des Visigoths, puis les rois catholiques des Francs. Un auteur qui a étudié récemment l'organisation ecclésiastique de la Gaule mérovingienne, M. Edgar Loening[3], a

de mon travail. Je ne doute pas que je n'aie laissé échapper un bon nombre de textes qui eussent été utiles à connaître et à citer. Mais pour être sûr de traiter complètement un tel sujet, il aurait fallu lire à peu près toutes les sources historiques de tous les pays dont je m'occupais et de tous les siècles du haut moyen âge. J'ai dû me borner à en consulter un nombre restreint. Il m'a paru que les données imparfaites dont je disposais suffisaient déjà à asseoir un certain nombre de conclusions certaines, et je suis porté à croire que les nouveaux textes qu'on pourra produire ne modifieront que dans le détail, non dans l'ensemble, les résultats auxquels je suis arrivé.

1. J'ai trouvé nombre d'indications utiles dans le savant ouvrage de M. C. Schmidt, de Strasbourg, *Histoire et doctrine de la secte des cathares ou albigeois*, Paris 1849, 2 vol. in-8°. M. Ficker n'a pas cité ce livre et semble ne l'avoir pas consulté. Il y aurait trouvé, pour le XIe et le XIIe siècle, plusieurs exemples d'exécutions d'hérétiques, bons à ajouter à ceux qu'il rappelle incidemment à deux endroits de son article, p. 180, dernière ligne, et p. 182, l. 29 à 31.

2. Voyez Code Théodosien, livre XVI, titre 5; Code Justinien, livre I, titre 5; nov. Valent. III, XVII, 1.

3. *Geschichte des deutschen Kirchenrechts*, von Dr. Edgar Loening, Strass-

montré qu'aucun de ces princes n'a imposé sa foi à ses sujets, et que sous aucun d'eux le fait de penser autrement que l'autorité en matière dogmatique n'a été un délit.

Aux yeux des ariens, ce que nous appelons l'hérésie arienne était l'orthodoxie, et la doctrine que nous appelons catholique était une hérésie[1]. Si donc les rois des Bourguignons et des Visigoths avaient entendu proscrire les hérésies, ils eussent proscrit le catholicisme[2]. Mais tout au contraire, les uns et les autres laissèrent leurs sujets professer en paix la foi catholique, les évêques catholiques exercer leurs fonctions, les conciles provinciaux s'assembler comme à l'ordinaire[3].

Sous Sigismond, les Bourguignons eurent un roi catholique. Ce changement dans le gouvernement n'amena aucun changement de la législation en matière de foi. Les ariens jouirent, dans la Bourgogne catholique, de la même tolérance qui avait été accordée aux catholiques dans la Bourgogne arienne[4].

A la différence des Bourguignons et des Visigoths, les Francs furent catholiques dès leur conversion au christianisme, et restèrent tels ; on ne vit pas chez eux d'hérétiques[5]. Mais les territoires conquis par eux sur les Visigoths et les Bourguignons contenaient un certain nombre de barbares ariens. Hérétiques et vaincus, c'eût été, à ce qu'on pourrait croire, deux motifs pour un de les maltraiter. On n'en fit rien. Le principe de la tolérance continua de prévaloir, et jamais les rois mérovingiens ne firent

burg 1878, 2 volumes : I, *Das Kirchenrecht in Gallien von Constantin bis Chlodovech ;* II, *Das Kirchenrecht im Reiche der Merowinger*.

1. Salvien, De gubern. Dei, V, 2 : « Denique apud nos sunt haeretici, apud se non sunt ; nam in tantum se catholicos esse judicant, ut nos ipsos titulo haereticae appellationis infament. Quod ergo illi nobis sunt, hoc nos illis. » (*Monumenta Germaniae,* Auctorum antiquissimorum tomi I pars prior, p. 57.)

2. C'est ce que firent, par exemple, les Vandales ariens d'Afrique ; voyez *Victoris Vitensis historia persecutionis Africanae provinciae sub Geiserico et Hunirico regibus Wandalorum,* dans les *Monumenta Germaniae,* Auctorum antiquiss. tomi III pars prior.

3. Loening, I, p. 510, 516, 548-549 ; Hauréau, *L'église et l'état sous les premiers rois de Bourgogne,* dans *Mémoires de l'institut,* acad. des inscr., t. XXVI, 1867, p. 137 et suivantes.

4. Loening, I, p. 570-572 ; Hauréau, p. 167.

5. Le grand prologue de la loi salique vante leur orthodoxie : « Gens Francorum inclita, auctore Deo condita, fortis in arma, ... audax, velox et aspera, ad catholica fide conversa et inmunis ab herese... » (Lex Salica, ed. Hessels, p. 422, col. 1.)

de l'hétérodoxie un délit séculier[1]. Au reste, des princes qui comptaient encore parmi leurs sujets un grand nombre de païens et leur accordaient parfois de hauts emplois dans l'état[2] ne pouvaient se montrer bien rigoureux sur la pureté de la foi de leurs sujets chrétiens.

En Italie, les lois romaines contre les hérétiques restèrent en vigueur jusqu'à l'invasion des Lombards. Sous les pontificats de Gélase (492-496), de Symmaque (498-514), d'Hormisdas (514-523), des manichéens ayant été découverts à Rome, les papes les firent punir de l'exil[3]; les constitutions impériales ne prononçaient pas encore de peine plus forte contre le manichéisme. Vers 556, d'autres hérétiques de la même secte furent trouvés à Ravenne. La législation était alors devenue plus sévère; des constitutions de Justinien avaient ordonné de mettre à mort tout manichéen qui serait trouvé en quelque lieu que ce fût[4]. Les citoyens de Ravenne, sujets de l'empereur byzantin, appliquèrent ces lois aux manichéens découverts parmi eux; ils les entraînèrent hors de la ville et les lapidèrent[5].

Mais en Italie, comme en Gaule, la tolérance régna quand le pays fut occupé par des barbares ariens. Dès le VIe siècle, les Lombards furent maîtres d'une partie de l'Italie. Un récit de Grégoire le Grand nous les montre, à Spolète, essayant d'établir

1. Loening, II, p. 41-51. Cet auteur montre qu'on défendit certaines pratiques hérétiques, telles que celle de rebaptiser des catholiques; mais la croyance demeura libre.

2. Loening, II, p. 58 et 59.

3. Gesta pontificum romanorum, dans Muratori, *Rerum italicarum scriptores*, t. III, p. 122 col. 1, 123 col. 2, 125 col. 2.

4. Code Justinien, livre I, titre 5, loi 11 (de 487 ou 510) : εἰ δέ ποτε φανεῖεν ἤτοι εὑρεθεῖεν, ὑπάγεσθαι κεφαλικῇ τιμωρίᾳ; loi 12 (de 527), § 3 : καὶ ταῖς εἰς ἔσχατον τιμωρίαις ὑπάγεσθαι τὸν ὁπουδὴ γῆς φαινόμενον Μανιχαῖον. Comparez au même titre, dans la loi 5, § 1, l'addition faite par Justinien des mots « et ultimo supplicio tradendis », là où le texte authentique de cette loi (de l'an 428), qui nous est connu par le Code Théodosien (livre XVI, titre 5, loi 66), porte simplement « Manichaeis etiam de civitatibus expellendis ».

5. Agnelli liber pontificalis ecclesiae Ravennatis, c. 79 : « Post haec autem Manicheorum hereses (*sic*) exorta est in civitate Ravenna, quam orthodoxi christiani convincientes ejecerunt extra civitatem, in loco qui dicitur Fossa Sconii juxta fluvium lapidibus obruerunt, et mortui sunt in peccatis suis, et ablata sunt mala a Ravenna. » (*Monumenta Germaniae*, Scriptores rerum langobardicarum, p. 331.)

leur culte dans la ville, à côté de celui des catholiques ; mais on ne voit pas qu'ils aient songé à empêcher ceux-ci de célébrer le leur en paix. L'évêque arien, envoyé par le roi lombard, se borne à réclamer pour l'arianisme une seule des églises de la ville ; et c'est à l'évêque catholique qu'il la demande, reconnaissant ainsi implicitement son caractère et son autorité. Son entreprise d'ailleurs échoua, par suite de circonstances que le récit merveilleux de Grégoire ne fait pas suffisamment comprendre ; et après cet événement, les Lombards du pays n'essayèrent même plus de se faire donner des églises catholiques pour y célébrer le culte arien[1].

Pour le siècle suivant, un passage de Paul, l'historien des Lombards, nous montre le régime de la liberté religieuse établi et fonctionnant régulièrement. Le roi Rothari, qui régna de 636 à 652, était, dit Paul, « souillé de la perfidie de l'hérésie arienne ». Sous son règne, « presque toutes les cités de son royaume eurent « deux évêques, l'un catholique et l'autre arien. A Pavie, on « montre encore l'endroit où l'évêque arien, établi à la basilique « de saint Eusèbe, avait son baptistère ; tandis que dans la ville « résidait en même temps un autre évêque, appartenant à l'église « catholique[2]. »

1. Gregorii Magni Dialog., III, c. 29 : « Unum narro quod per Bonefatium monasterii mei monachum, qui usque ante quadriennium cum Langobardis fuit, adhuc ante triduum agnovi. Cum ad Spolitinam urbem Langobardorum episcopus, scilicet Arrianus, venisset et locum illic ubi sollempnia sua ageret non haberet, coepit ab ejus civitatis episcopo ecclesiam petere quam suo errori dedicaret. Quod dum valde episcopus negaret, isdem qui venerat Arrianus beati Pauli apostoli illic ecclesiam cominus sitam se die altero violenter intraturum esse professus est... Collecta multitudine advenit clausas ecclesiae januas effringere paratus. Sed repente cunctae simul regiae divinitus concussae, abjectis longius seris, apertae sunt, atque cum magno sonitu omnia ecclesiae claustra patuerunt ; effuso desuper lumine, omnes quae extinctae fuerant lampades accensae sunt. Arrianus vero episcopus, qui vim facturus advenerat, subita caecitate percussus est atque alienis jam manibus ad suum habitaculum reductus. Quod dum Langobardi in eadem regione positi omnes agnoscerent, nequaquam ulterius praesumpserunt catholica loca temerare. » (*Monumenta Germaniae,* Scriptores rerum langobardicarum, p. 534-535.) — Les Dialogues de Grégoire ayant été écrits en 593 et 594, les événements racontés ici comme survenus *ante quadriennium* ne peuvent être postérieurs à 590. Ils ne peuvent être antérieurs à 568, date de l'entrée des Lombards en Italie.

2. Pauli Hist. Langob., l. IV, c. 42 : « ... Arrianae hereseos perfidia maculatus est... Hujus temporibus pene per omnes civitates regni ejus duo episcopi erant, unus catholicus et alter Arrianus. In civitate Ticinensi usque nunc ostenditur

Si, en Italie et en Gaule, la domination arienne a eu pour résultat l'établissement de la tolérance religieuse, ce n'est pas, sans doute, que les ariens fussent naturellement plus tolérants que les catholiques ; ce que nous savons des persécutions exercées par eux ailleurs[1] doit faire écarter cette supposition. C'est seulement qu'en Italie et en Gaule les ariens se savaient en minorité très faible au milieu d'une population toute catholique. Leur petit nombre est attesté par la rapidité avec laquelle ils ont disparu. En Gaule, on entend parler des ariens pour la dernière fois dans la première moitié du VIIe siècle[2]. En Italie, Paul, écrivant au VIIIe siècle, ne mentionne les évêques ariens établis à côté des catholiques que comme une curiosité historique, dont il ne reste plus de traces de son temps : « on montre encore à Pavie, dit-il, « le baptistère de l'évêque arien »[3], et il ajoute que cet évêque, Anastase, se convertit ensuite et devint évêque catholique de la ville[4]; c'est en effet maintenant un saint. Si l'arianisme était si chancelant, on conçoit qu'il ne se soit pas cru de force à se faire persécuteur ; il ne pouvait songer qu'à tenter de vivre en paix à côté de la foi dominante, et pour cela il devait établir le principe de la liberté et de l'égalité des religions. C'est ce que firent les rois ariens des Lombards, des Visigoths et des Bourguignons. Ce qui est remarquable, c'est que la règle établie par eux leur ait survécu, et que le principe de la tolérance ait été également adopté, comme nous l'avons vu chez les Francs, par le catholicisme victorieux.

Aux Mérovingiens en Gaule, aux Lombards en Italie, succédèrent les Carolingiens, qui, ayant, en outre, achevé la conquête de la Germanie, réunirent à la fois ces trois pays sous leur empire. Ces princes sont connus pour leur attachement à l'église et pour le soin qu'ils prirent de mettre la puissance de l'état au service

ubi Arrianus episcopus aput basilica Sancti Eusebii residens baptisterium habuit, cum tamen ecclesiae catholicae alius episcopus resideret. » (*Monumenta Germaniae*, Scriptores rer. langob., p. 134.)

1. Voyez ci-dessus, p. 4, note 2.
2. Loening, II, p. 49, note 1.
3. Page précédente, note 2.
4. « Qui tamen Arrianus episcopus, qui in eadem civitate fuit, Anastasius nomine, ad fidem catholicam conversus, Christi postea ecclesiam rexit » (*Monumenta Germaniae*, Scriptores rer. lang., p. 134). — Les rois mêmes des Lombards, à partir d'Aribert (653-661), furent catholiques.

de la religion. Ils imposèrent le christianisme, sous les dernières peines, aux païens de Saxe[1]. Il n'y aurait donc eu rien d'étrange à les voir sévir aussi contre les hérétiques, s'ils en avaient eu l'occasion : mais cette occasion ne se présenta pas.

L'arianisme, on l'a vu tout à l'heure, avait disparu avant l'avènement des Carolingiens; le catharisme ne parut en Occident qu'après leur chute. Pendant toute la durée de leur pouvoir, aucune hérésie importante ne vint diviser les fidèles de leurs états. Les quelques hérétiques qui parurent furent des membres du clergé et ne recrutèrent pas d'adhérents dans le peuple. L'application des règles de la discipline ecclésiastique suffit pour avoir raison de ces dissidences.

Sous Charlemagne même, en 792, deux prélats espagnols, Élipand, de Tolède, et Félix, d'Urgel, enseignèrent que Jésus-Christ, en tant qu'homme, n'était que fils adoptif de Dieu : c'est ce qu'on a appelé l'*adoptionisme*. L'évêché d'Urgel faisait partie de la marche d'Espagne, comprise dans les états du roi des Francs. Charlemagne manda l'évêque Félix devant un concile national assemblé à Ratisbonne. Ce concile entendit Félix, condamna sa doctrine, et le renvoya par-devant le pape ; l'évêque condamné alla à Rome, abjura son hérésie en présence d'Adrien Ier, et retourna ensuite prendre paisiblement possession de son diocèse[2]. La procédure suivie dans toute cette affaire avait été purement ecclésiastique, et le bras séculier n'eut pas à intervenir : les juges furent les évêques et le pape ; le condamné, d'ail-

1. Voyez surtout la *Capitulatio de partibus Saxonie*, dans *Lex Saxonum herausgegeben von Johannes Merkel* (Berlin 1853), p. 16-19, ou dans les *Monumenta Germaniae*, Legum t. I, p. 48-50 ; par exemple c. III : « Si quis sanctum quadragensimale jejunium pro dispectu christianitatis contempserit et carnem comederit, morte moriatur » ; c. VIII : « Si quis deinceps in gente Saxonorum inter eos latens non baptizatus se abscondere voluerit et ad baptismum venire contempserit paganusque permanere voluerit, morte moriatur »; etc.

2. Einhardi annales, ann. 792, sur l'adoptionisme de Félix, évêque d'Urgel : « Hujus rei causa ductus ad palatium regis, nam is tunc apud Reginum, Baioariae civitatem, in qua hiemaverat, residebat ; ubi congregato episcoporum concilio auditus est, et, errasse convictus, ad praesentiam Hadriani pontificis Romám missus, ibi etiam coram ipso in basilica beati Petri apostoli haeresem suam damnavit atque abdicavit. Quo facto ad civitatem suam reversus est. » (*Monumenta Germaniae*, Scriptorum t. I, p. 179.) — Mühlbacher, *Die regesten des kaiserreichs unter den Karolingern* (J. F. Boehmer, *Regesta imperii*, I, neu bearbeitet, Innsbruck 1880), n° 309 a, p. 120-121.

leurs, s'étant soumis, il n'y avait aucune mesure d'exécution à prendre contre lui.

Un cas plus grave se présenta au milieu du IXe siècle. Gothescalc, religieux bénédictin de l'abbaye d'Orbais, au diocèse de Soissons, soutint le *prédestinatianisme*, et enseigna que Jésus-Christ n'est pas mort pour tous les hommes : ses opinions furent jugées hérétiques par deux conciles, à Mayence en 848 et à Quierzy en 849. Il fut lui-même condamné à des peines corporelles, le fouet et la prison. Mais alors encore on n'eut pas besoin de faire appel au bras séculier ; Gothescalc était clerc et moine : pour l'atteindre, la juridiction disciplinaire de l'église suffit. Ce furent des conciles qui prononcèrent les peines dont il fut frappé ; ce fut le métropolitain du condamné, Hincmar, archevêque de Reims, qui fut chargé de les faire exécuter ; ce fut dans un couvent que le moine subit sa prison[1]. La sentence fut fondée, le témoignage d'Hincmar le marque expressément[2], sur les dispositions de la règle de saint Benoît, qui permettait en effet d'appliquer la peine du fouet aux moines récalcitrants[3]. Quant à la détention dans un couvent, pour un moine c'était moins une peine que la stricte exécution de ses vœux : et Hincmar prit là-dessus les ordres du chef de l'église[4]. Ainsi cette affaire fut et resta

1. Hincmar au pape Nicolas Ier : « Postea autem a Belgicae Remorum ac Galliarum provinciarum episcopis auditus et inventus haereticus, quia resipisci a sua pravitate non voluit, ne aliis noceret qui sibi prodesse nolebat, judicio praefatarum provinciarum episcoporum, in nostra parochia... monasteriali custodiae mancipatus est. » (*Hincmari opera*, cura Sirmondi, Lut. Paris. 1645, t. II, p. 262.)

2. Hincmar, *De non trina deitate*, 18 : « Qui talia contra canones sacros praesumit, si gradum ecclesiasticum videtur habere, eo privari vel ab ecclesiastica communione separari est dignus. Secundum regulam autem sancti Benedicti, improbus, durus et superbus vel inobediens verberum vel corporis castigatione... est coercendus. » (*Hincmari opera*, cura Sirmondi, t. I, p. 552.)

3. Regula sancti Benedicti, c. 28 : « Si quis frater frequenter correptus pro qualibet culpa, si etiam excommunicatus non emendaverit, acrior ei accedat correctio, id est ut verberum vindicta in eum procedat. » (*Maxima bibliotheca veterum patrum*, t. IX, Lugduni 1677, p. 647 A.) — Cf. Concilium Agathense, ann. 506, c. 38 : « In monachis quoque par sententiae forma servetur : quos si verborum increpatio non emendaverit, etiam verberibus statuimus coerceri. » (Labbe, *Sacrosancta concilia*, t. IV, Lut. Paris. 1671, col. 1389.)

4. Hincmar au pape : « Praefatum autem Gothescalcum, si vestra auctoritas mihi scripserit ut eum a custodia solvam et aut ut ad vos eundi, ut per vos ejus doctrinam experiamini, aut ad quemcumque ex nomine designatum pergendi licentiam donem, quia (ut melius ipsi scitis), sicut absolute quisque ordi-

jusqu'au bout une affaire purement ecclésiastique ; la loi civile, le pouvoir royal, le bras séculier n'eurent rien à y voir.

Ce qui est surtout à remarquer, au sujet de Gothescalc, c'est que, condamné solennellement comme hérétique, il conserva la vie. C'est la preuve à peu près certaine qu'il n'y avait alors encore ni loi ni usage qui ordonnât de mettre à mort les hérétiques. Quand nous rencontrerons cet usage aux siècles suivants, nous serons donc bien en droit de le considérer comme une nouveauté.

En 887, un favori de Charles le Gros, Liutwart, archichapelain de l'empereur et évêque de Verceil, ayant été subitement frappé de la disgrâce de son souverain, fut cité devant la cour impériale, dépouillé de sa dignité et de ses bénéfices ecclésiastiques, puis chassé de la présence de l'empereur. Suivant une chronique, une des accusations portées contre lui était celle d'hérésie[1]. Eût-il été réellement condamné pour ce fait, il ne faudrait pas voir là une intervention du bras séculier en matière dogmatique, puisque la condamnation prononcée contre Liutwart n'aboutit qu'à le dépouiller de la charge d'archichapelain et de plusieurs bénéfices, toutes dignités ecclésiastiques, dont un orthodoxe seul pouvait être revêtu. Mais ce qui rend précisément fort douteux que Liutwart ait été condamné pour hérésie, c'est qu'il paraît avoir conservé jusqu'à sa mort une charge religieuse importante, l'évêché de Verceil[2].

Ces cas sont d'ailleurs isolés, et rarement on vit moins d'hérésies que sous les Carolingiens et leurs successeurs, dans l'empire d'Occident et en Gaule, jusque vers la fin du xe siècle[3].

Dans les monuments législatifs de cette époque, les capitulaires,

nari non valet, ita, nisi ex ipsius consensu cujus esse dignoscitur certae personae commendandus et ad certum locum, monachus vel quisque sub regula constitutus a loco suo absolvi juxta regulas sacras non valet, vestris jussionibus nullo modo resultabo. » (*Hincmari opera,* cura Sirmondi, t. II, p. 264.)

1. Annales Fuldenses, pars IV, ann. 887 : « Sed idem rex regum hoc anno concitavit animos imperatoris in blasphemum, qui habita cum suis conlocutione in loco qui vocatur Kirihheim eum deposuit, ne esset archicappellanus, multisque beneficiis ab eo sublatis, ut haereticum et omnibus odiosum cum dedecore de palatio expulit. » (*Monumenta Germaniae,* Scriptorum t. I, p. 405, col. 1.)

2. Ughelli, *Italia sacra,* t. IV, Romae 1652, in-fol., col. 1060.

3. Voir les *Annales* de Baronius, au VIIIe, IXe et Xe siècle, et notamment les *index* des volumes relatifs à cette période ; on n'y trouve mentionnées presque que des hérésies orientales.

on ne trouve aucune disposition édictée par les souverains pour combattre l'hérésie[1].

Tel était l'état des choses à la veille de l'apparition des cathares dans l'Europe occidentale. La législation et les coutumes juridiques, en France comme dans l'empire, n'édictaient contre l'hérésie aucune peine temporelle, et étaient muettes sur la manière dont le pouvoir séculier devait se comporter à l'égard des hérétiques.

III.

DU XIe AU XIIIe SIÈCLE : RÉGION DU NORD.

Aux environs de l'an 1000 se produisit un fait de la plus grande importance ; le catharisme fit son apparition dans l'occident, et aussitôt il se répandit partout, en Italie, en Espagne, en France, en Allemagne, avec une rapidité surprenante[2]. Ce fait émut vivement les fidèles, et mit fin à l'indifférence qui avait jusqu'alors prévalu parmi les puissances temporelles sur les questions d'orthodoxie. Avec le xie siècle commence une série de mesures par lesquelles l'autorité séculière s'efforce de restreindre le développement de l'hérésie.

Ces mesures n'ont pas été partout les mêmes. Il faut distinguer, dans l'occident chrétien, aux xie et xiie siècles, deux grandes régions, assez mal définies d'ailleurs et indépendantes des divisions de la géographie politique, qui ont eu chacune un système de répression différent[3]. On peut les désigner sous les noms de *région du nord* et *région du midi*. Dans la région du nord, l'usage de mettre les hérétiques à mort, principalement par le feu, s'est

1. Le c. 45 du capitulaire du 23 mars 789 (Mühlbacher, *Die regesten*, n° 292), *Monum. Germ.*, Leg. I, p. 61, et le c. 90 de l'*Additio tertia*, dans les Capitulaires de Baluze, édition de Chiniac, t. I, col. 1173, ne nomment les hérétiques en passant que parce qu'ils copient d'anciens conciles, et ne sont évidemment pas dirigés contre les hérétiques en particulier.

2. C. Schmidt, *Histoire et doctrine de la secte des cathares*, t. I, p. 16 à 54.

3. Cette distinction est due à M. Ficker. Il l'a mise en pleine lumière, pour l'Italie et l'Allemagne, dans son article des *Mittheilungen*, mentionné ci-dessus, et il l'a aussi soupçonnée et indiquée sommairement en ce qui concerne la France (p. 184-185). Il a par là singulièrement éclairci ce difficile sujet et rendu les recherches plus aisées.

établi de bonne heure et a persisté. Dans celle du midi, jusqu'au XIIIe siècle, les hérétiques ont été très rarement mis à mort ; le plus souvent, ils ont été, ou tolérés, ou punis de peines moindres que la mort, principalement du bannissement et de la confiscation des biens. Dans l'une comme dans l'autre de ces deux régions, le crime d'hérésie demeura longtemps inconnu à la jurisprudence, et, lorsqu'on sévit contre les hérétiques, ce fut souvent par mesure politique et non par application du droit criminel. Au cours du XIIIe siècle, les efforts de l'église réussirent à opérer un double changement : d'une part, on vit passer dans le midi les usages du nord ; de l'autre, ces usages, dans le nord même, se transformèrent en coutume régulière ou en loi : ainsi la coutume de brûler les hérétiques devint loi universelle. Le moment où s'accomplit cette unification et cette régularisation du droit dans le monde latin marquera le terme du présent travail.

La région que j'appelle région du nord comprend : en France, les pays de langue d'oïl et la Flandre ; dans l'empire, l'Allemagne, la haute et basse Lorraine, le comté de Bourgogne. La région du midi comprend : en France, les pays de langue d'oc et la Catalogne ; dans l'empire, l'Italie et la Provence[1]. Quant aux territoires étrangers à l'empire et à la France, je n'aurai qu'incidemment quelques mots à en dire.

Commençons par la région du nord.

Cette région présente, au point de vue particulier qui nous occupe, pendant toute la durée du XIe et du XIIe siècle et une partie du XIIIe, une singulière opposition entre le fait et le droit. Aucune coutume n'y punit le fait d'hérésie, aucune loi n'est rendue pour ériger ce fait en délit. Mais, en fait, les hérétiques y sont constamment poursuivis, arrêtés et mis à mort. Ils sont frappés, non par sentence judiciaire proprement dite, comme criminels, mais par mesure politique, comme dangereux. Telle est du moins, je le crois, la conclusion que le lecteur tirera de l'exposé des faits.

C'est en 1022 que le bras séculier sévit pour la première fois en France contre l'hérésie. Le roi Robert prit l'initiative de cette rigueur. L'exécution de treize hérétiques, qui eut lieu par son

1. En d'autres termes, la région du nord comprend les pays de langue française, allemande et néerlandaise, et la région du midi les pays de langue italienne, provençale et catalane.

ordre et en sa présence, à Orléans, est un fait célèbre, que tous les historiens contemporains ont rapporté[1].

Or, il est certain qu'en ordonnant de brûler ces hérétiques, le roi de France n'appliquait aucune loi alors existante. On a vu dans ce qui précède que les siècles antérieurs au XIe n'avaient connu aucun châtiment temporel contre l'hérésie ; Gothescalc, condamné comme hérétique, au IXe siècle, n'avait subi qu'une peine disciplinaire ecclésiastique, en sa qualité de prêtre et de moine, et avait conservé la vie. Robert eut donc à inventer le supplice en même temps qu'il l'édicta. Il trouva, du premier coup, celui que les siècles suivants devaient adopter, et qui allait finir par s'établir dans tous les pays, pour y subsister pendant tout le moyen âge et une partie de la période moderne. Il ordonna que les hérétiques d'Orléans fussent brûlés vifs[2].

On peut s'étonner qu'une telle sentence ait été ainsi improvisée, et que le roi de France ait prononcé une peine qu'aucune loi, aucun usage juridique n'édictait ; on pourrait demander s'il est bien certain qu'aucune coutume en vigueur n'avait encore établi cette peine. Mais un témoignage contemporain montre que la décision de Robert fut bien une nouveauté, et une nouveauté hardie, qui causa alors un vif étonnement.

Au lendemain de l'exécution, Jean, moine de Fleury-sur-Loire, non loin d'Orléans, écrit à l'abbé d'un monastère éloigné : « Je veux vous apprendre ce qui concerne l'hérésie qui a paru à « Orléans. Si vous en avez déjà entendu quelque chose, sachez « que c'est vrai : le roi Robert a fait brûler vives près de qua- « torze personnes, d'entre les meilleurs clercs et les premiers « laïques de la ville[3]. » *Sachez que c'est vrai :* la chose est donc

1. Voy. le t. X du *Recueil des historiens des Gaules et de la France*, qui renferme tous les témoignages contemporains sur cet événement.

2. Ademarus Cabannensis, l. III, c. 59 : « Eo tempore decem ex canonicis Sanctae Crucis Aurelianis, qui videbantur esse religiosiores aliis, probati sunt esse Manichaei. Quos rex Robertus, cum nollent ad fidem reverti, primo a gradu sacerdotii deponi, deinde ab aecclesia eliminari, et demum igne cremari jussit. » (*Monumenta Germaniae*, Scriptorum t. IV, p. 143.) Comparez les notes suivantes.

3. Johannis monachi Floriacensis epist. ad Olibam abbatem : « Volo vos interea scire de haeresi quae die SS. Innocentium fuit in Aurelianensi civitate. Nam verum fuit, si aliquid audistis : fecit rex Robertus vivos ardere de melioribus clericis sive de nobilioribus laicis prope quatuordecim ejusdem civitatis. » (*Recueil des hist. de Fr.*, t. X, p. 498.)

si étrange, qu'on ne la croirait pas, si on ne la tenait de source sûre? Le roi aussi eut conscience d'avoir fait quelque chose d'extraordinaire, et sans doute il en fut fier; aussi dans un de ses diplômes, rendu à cette époque, il fit marquer à la date que cet acte avait été donné « quand l'hérésiarque Étienne et ses com« plices furent condamnés et brûlés à Orléans »[1].

Une autre preuve de la nouveauté de cette sentence, c'est le soin que prennent un ou deux auteurs de marquer qu'elle fut rendue du consentement de tous les assistants. En effet, sans avoir une idée très nette de ce que nous appelons aujourd'hui la séparation des pouvoirs, le moyen âge concevait des limites à l'autorité royale, et n'admettait pas généralement qu'un roi fût un despote maître de faire et de changer les lois à sa guise. Les hérétiques d'Orléans ne subirent leur supplice que parce que le peuple présent fut d'accord avec le roi pour le leur infliger[2] : c'est qu'ordonner ce supplice, c'était faire pour l'occasion une loi exprès, une loi de circonstance. Nous retrouverons tout à l'heure cette même mention du consentement de l'assistance pour plusieurs exécutions d'hérétiques qui eurent lieu en divers endroits au XIe et au XIIe siècle.

Le supplice des hérétiques d'Orléans fut donc véritablement une innovation; Robert est le premier en France qui ait établi l'usage de faire périr par le feu les hérétiques condamnés par l'église.

Pourquoi par le supplice du feu, plutôt que par tout autre? Je ne sais pas à cette question de réponse pleinement satisfaisante. Il faut remarquer seulement que le supplice du feu était dans le haut moyen âge un mode normal d'exécution de la peine de mort, peut-être le mode le plus fréquent avec la pendaison[3]. Il est

1. « Actum Aurelianis publice anno incarnationis Domini millesimo vigesimo secundo, regni Rotberti regis XXVII, et indictione V; quando Stephanus haeresiarches et complices ejus damnati sunt et arsi sunt Aurelianis. » (Mabillon, *Annales ordinis S. Benedicti*, t. IV, p. 708.)

2. Rod. Glaber, l. III, c. 8 : « Dictum est eis quoniam, nisi celerius ad sanam fidei mentem redeant, regis jussu *et universae plebis consensu* igne essent protinus crematuri » (*Rec. des hist.*, t. X, p. 38). — Vita S. Theodorici : « *Communi vero consensu, in voluntate omnium,* convicti ab haeresi omnes perpessi sunt ignis incendium » (*ibid.*, p. 398).

3. Wilda, *Das Strafrecht der Germanen*, Halle 1842, in-8°, p. 498-507. Cf. Lex Wisig., III, 2, 2, et III, 4, 14, ainsi que la note 2 de la page suivante.

arrivé parfois, on le verra bientôt, qu'on a pendu des hérétiques[1]. Mais plusieurs raisons pouvaient faire préférer l'emploi du feu. On ne pendait pas les femmes[2]; or, parmi les hérétiques d'Orléans se trouvait une femme, qui se convertit, il est vrai, et échappa ainsi à la mort, mais qui avait été menacée du supplice comme les autres. Le feu, en outre, M. Ficker l'a fait justement observer, était la peine ordinaire des empoisonneurs, des sorciers, des auteurs de maléfices[3], et l'on pouvait être tenté d'assimiler l'hérésie à un maléfice ou à un empoisonnement. Enfin, le bûcher, plus destructeur que le gibet, plus cruel, plus théâtral, pouvait paraître plus propre à frapper d'une terreur salutaire les condamnés auxquels on offrait le choix entre l'abjuration et le supplice. On le préféra donc alors et dans la suite.

Deux autres points encore, qui devinrent également de règle plus tard, furent observés à cette exécution. Deux condamnés ayant déclaré, au dernier moment, se convertir à la foi de l'église, eurent grâce de la vie[4]; et un homme dont l'hérésie ne fut découverte qu'après sa mort fut exhumé du cimetière où il avait été enterré, et ses restes profanés[5].

1. Ci-après, p. 18.

2. Wilda, *ibid.* Certaines coutumes donnent la peine du feu comme celle qui remplace le gibet pour les femmes : voy. *Usatici Barchinon.*, 94-95, dans Giraud, *Essai sur l'hist. du droit fr.*, t. II, p. 485 : « Quia justiciam facere de malefactoribus datum est solummodo potestatibus, videlicet de homicidiis, de adulteriis, de veneficis, de latronibus, de raptoribus, de bauzatoribus et de aliis, sicut eis visum fuerit, truncare pedes et manus, trahere oculos, tenere captos in carcere longo tempore, ad ultimum vero, si opus fuerit, eorum corpora pendere; mulieribus autem truncare nares et labra et aures et mamillas et si necesse fuerit in ignem cremare; et quia terra sine justicia non potest vivere, idcirco datur potestatibus justiciam facere... »

3. Wilda, *ibid.*; Lex Sal., ms. de Wolfenbüttel, XVIII, 1 (éd. Holder, p. 10) ; Capitul. de partib. Saxon., 6, dans Merkel, *Lex Saxonum*, p. 17.

4. Récit inséré au cartulaire de Saint-Père de Chartres : « Deinde extra civitatis educti muros in quodam tuguriolo copioso igne accenso, praeter unum clericum atque unam monacham, ... cremati sunt. Clericus enim et monacha divino nutu resipuerunt. » (*Rec. des hist.*, t. X, p. 539; *Cartulaire de l'abbaye de Saint-Père de Chartres*, publié par Guérard, dans la *Collection de documents inédits sur l'hist. de France*, t. I, p. 108 et suivantes.) Cf. R. Glaber, page précédente, note 2.

5. Adem. Cab., III, 59 : « Quidam etiam Aurelianis canonicus cantor nomine Theodatus, qui mortuus erat ante triennium in illa haeresi ... : cujus corpus, postquam probatum est, ejectum est de cimiterio, jubente episcopo Odolrico, et projectum invium. » (*Monumenta Germaniae*, Script. t. IV, p. 143.)

Enfin, un chroniqueur ajoute que cette exécution ne fut pas isolée, et que d'autres hérétiques, découverts dans la suite, périrent de la même façon que ceux d'Orléans[1]. On rencontre en effet, pour les années suivantes, de nombreuses mentions de faits analogues.

Dès 1025, nous voyons Gérard, évêque d'Arras et Cambrai, poursuivre les hérétiques de son diocèse et employer contre eux les supplices, c'est-à-dire, à ce qu'il semble, la torture, pour leur arracher l'aveu de leurs croyances[2]. Il obtint, par ce procédé, un certain nombre de conversions[3].

Le même évêque reproche à un prélat voisin, Renaud, évêque de Liège, sa mollesse à l'égard des hérétiques[4]. Celui qui fait ce reproche est un évêque français[5]; celui auquel il est adressé, l'évêque de Liège, est un prélat de l'empire. On comprend qu'une procédure inaugurée par le roi de France Robert se soit répandue tout de suite dans les terres françaises et ait eu un peu plus de peine à s'implanter en pays impérial. Quelques années plus tard, on voit encore l'égli e de Liège se distinguer par sa résistance à la pratique rigoureuse des Français envers les hérétiques. Wazon, évêque de Liège (1042-1048), fut consulté par l'évêque de Châlons, Roger, qui lui demanda s'il devait livrer au bras séculier les hérétiques de son diocèse[6] : Wazon répondit que ce serait agir

1. Rod. Glaber, III, 8 : « Si qui vero postmodum hujus perversitatis sectatores fuerunt reperti, simili ultionis vindicta ubique fuerunt perditi. » (*Rec. des hist. de Fr.*, t. X, p. 38.)

2. Lettre à Renaud, évêque de Liège : « Comprehensi multa dissimulatione renitebant, adeo ut nullis suppliciis possent cogi ad confessionem. » (D'Achery, *Spicilegium*, 1723, in-fol., t. I, p. 607.)

3. D'Achery, *Spicil.*, 1723, t. I, p. 624.

4. Lettre de Gérard à Renaud : « ... Hujusmodi homines in finibus vestris cohabitasse, sicut veris indiciis comprobavimus, retulimus charitati vestrae. Quos, quia terrore supplicii speciem religionis mentiebantur, indemnatos velut innoxios abire permisistis. » (D'Achery, *Spicil.*, 1723, t. I, p. 607.)

5. Son diocèse, comprenant Cambrai, s'étendait sur les terres de l'empire; mais Arras, où se passaient les faits précédemment rapportés, était en France.

6. Anselmi Gesta episcoporum Leodiensium, c. 62 : « Cathalaunensium episcopus pro periculo animarum sibi creditarum sanctitatem ejus consulere aliquando necessarium habuit, quod hujusmodi esse per litteras fatebatur. Aiebat enim in quadam parte diocesis suae quosdam rusticos esse qui perversum Manichaeorum dochma sectantes furtiva sibi frequentarent conventicula... Quid de talibus praestet agendum anxius praesul certum sapientiae consuluit secretarium an

contre l'esprit de l'église et contre les paroles mêmes de son fondateur, qui a ordonné de ne pas séparer l'ivraie du bon grain, de peur qu'en arrachant l'ivraie on n'arrache aussi le froment[1]; et d'ailleurs, ajoute Wazon, ceux qui sont ivraie aujourd'hui peuvent demain se convertir et devenir froment[2]. Il conclut qu'on ne doit prononcer contre les hérétiques d'autre sentence que l'excommunication, et qu'il faut les laisser vivre.

Le récit qui nous rapporte cette consultation et cette réponse nous apprend qu'à ce moment la persécution sévissait avec rigueur en France. « Wazon, dit son biographe Anselme, s'ef- « forçait par ces paroles d'arrêter la rage aveugle des Français « avides de meurtre. Car il avait appris que les Français con- « damnaient les hérétiques sur la seule pâleur de leur teint, « comme s'il eût été certain que quiconque avait le teint pâle fût « un hérétique : aussi, par leur erreur et par leur fureur, beau- « coup de vrais catholiques furent mis à mort[3]. » On comprend que cette justice sommaire ait inspiré des scrupules à l'évêque de Châlons ; mais d'autre part ces scrupules montrent, cette fois encore, que les rigueurs exercées contre les hérétiques étaient des actes arbitraires et non des exécutions juridiques et légales. Si, en effet, une loi ou une coutume régulière avait ordonné ces exécutions, l'évêque de Châlons n'eût pas sans doute songé à entraver l'action de la loi, et Wazon même se serait senti quelque peu embarrassé pour prêcher une tolérance contraire au droit. Il ne dit pas un mot de la question légale, parce que cette question, apparemment, n'existait pas. Un an après la mort de

terrenae potestatis gladio in eos sit animadvertendum necne... » (*Monumenta Germaniae*, Script. t. VII, p. 226-227.)

1. Euang. Matth., XIII, 29-30, selon la Vulgate : « Non, ne forte colligentes zizania, eradicetis simul cum eis et triticum. Sinite utraque crescere usque ad messem... »

2. Anselmi Gesta episc. Leod., c. 63 : « Maxime cum hi qui hodie zizania sunt possibile sit cras converti et fieri triticum... » (*Monumenta Germaniae*, Script. t. VII, p. 227.)

3. Anselmi Gesta episcoporum Leodiensium, c. 63 : « Haec ... studebat inculcare, ut praecipitem Francigenarum rabiem cedes anhelare solitam a crudelitate quodammodo refrenaret. Audierat enim eos solo pallore notare hereticos, quasi quos pallere constaret, hereticos esse certum esset ; sicque per errorem simulque furorem eorum plerosque vere catholicorum fuisse aliquando interemptos. » (*Monumenta Germaniae*, Script. t. VII, p. 228.) Les cathares ne mangeaient pas de chair : de là la pâleur habituelle de leur teint, et par suite la supposition que ceux qui avaient le teint pâle étaient cathares.

Wazon, en 1049, un concile s'occupe d'arrêter le développement de l'hérésie en France : il prononce contre les hérétiques la peine de l'excommunication, mais il ne fait allusion à aucun châtiment temporel, et il n'invite même pas les princes séculiers à sévir contre l'hérésie[1].

Quant à la résistance opposée par l'église de Liège et par l'empire aux rigueurs françaises contre les hétérodoxes, elle ne fut pas de longue durée. Le successeur même de Wazon, Théoduin, se montra partisan déterminé du supplice des hérétiques; en 1050, deux ans après la mort de Wazon, il écrit au roi de France de ne pas s'attarder à réunir un concile pour juger des hérétiques avérés : « pour de tels hommes, dit-il, il ne faut pas assembler « des conciles, il faut s'occuper de préparer leur supplice[2]. » De Liège cette doctrine passa bientôt à la cour même de l'empereur. Ce fut à Goslar[3], en Saxe, qu'eurent lieu les premières exécutions, aux fêtes de Noël des années 1051 et 1052, en présence de l'empereur Henri III. Le mode de supplice différa de celui qu'on suivait en France : les hérétiques furent pendus. C'étaient, comme presque toujours à cette époque, des cathares : ils furent convaincus d'appartenir à cette secte par leur refus de tuer des poulets qu'on leur présenta[4]; la doctrine cathare défendait en effet de mettre à mort les animaux[5]. Il est marqué que la première de ces exécutions fut ordonnée par l'empereur, « du « consentement de tous, pour empêcher la lèpre hérétique de se

1. Concilium Remense celebratum a B. Leone IX summo pontifice, Labbe, *Sacrosancta concilia*, t. IX, col. 1042.

2. « Quamquam hujusmodi homines nequaquam oporteat audiri : neque tam est pro illis concilium advocandum, quam de illorum supplicio exquirendum. » (*Rec. des hist. de Fr.*, t. XI, p. 498.)

3. Aujourd'hui ville de Prusse, Hanovre, ressort du drossart de Hildesheim, cercle de Liebenburg.

4. Le biographe de Wazon de Liège, Anselme, après avoir rapporté la doctrine de Wazon sur la tolérance qu'on doit avoir à l'égard des hérétiques, ajoute (*Gesta episc. Leodiensium*, c. 64) : « Cum haec ita se habeant ..., videant quibus vacat quomodo inreprehensibiliter actum sit, quod cum Goslarii quidam hujusmodi erroris sectatores essent deprehensi, post multam supersticionis suae discussionem justamque pro pertinatia erroris excommunicationem, suspendio insuper sint addicti. Cujus discussionis ordinem cum diligenter sciscitaremur, non aliam condempnationis eorum causam cognoscere potuimus quam quia cuilibet episcoporum jubenti ut pullum occiderent inoboedientes extiterant. » (*Monumenta Germaniae*, Scr. t. VII, p. 228.)

5. Schmidt, t. II, p. 84.

« répandre davantage et de souiller un plus grand nombre de « personnes[1]. » Ces expressions caractérisent au point de vue juridique ce qui fut fait alors ; on n'appliqua pas à des coupables convaincus d'un crime la peine portée contre eux par la loi ; il n'y avait ni crime ni peine. Mais on prit une mesure politique de sûreté, pour couper court à ce que l'on considérait comme un danger public ; et pour prendre cette mesure qui constituait une innovation sur les lois de l'empire, l'empereur dut se faire autoriser par le consentement du peuple et des grands présents auprès de lui. La seconde exécution, en 1052, fut ordonnée, au nom de l'empereur apparemment, par le duc Godefroi de Lorraine[2].

Voilà donc l'usage de mettre à mort les hérétiques établi également en France et en Allemagne. Il reste à passer en revue les témoignages relatifs aux différentes occasions où l'histoire rapporte que cet usage fut appliqué, dans l'un ou l'autre pays, jusqu'au XIIIe siècle. Le lecteur aura plusieurs fois encore occasion de remarquer, dans cette revue rapide, combien ces exécutions eurent peu le caractère d'une justice régulière et légale.

En 1076 ou 1077, un cathare du Cambrésis (pays d'empire) fut traduit devant une assemblée composée de l'évêque de Cambrai et des principaux clercs du diocèse, qui le jugea hérétique. Cette assemblée ne prononça rien de plus ; mais dès qu'elle fut séparée « plusieurs des officiers de l'évêque et d'autres en grand « nombre se saisirent de lui, le menèrent dans une cabane, et, « sans qu'il fît aucune résistance..., mirent le feu à la cabane et « le brûlèrent[3]. » Cette exécution irrégulière irrita le pape Grégoire VII, qui comprit que la colère du clergé de Cambrai venait

1. Herimanni Aug. chronicon : « 1052. Imperator natalem Domini Goslare egit ibique quosdam hereticos, inter alia pravi erroris dogmata Manichea secta omnis esum animalis execrantes, consensu cunctorum, ne heretica scabies latius serpens plures inficeret, in patibulo suspendi jussit. » (*Monumenta Germaniae*, Scr. t. V, p. 130, l. 30.) Le chroniqueur, commençant l'année à Noël, attribue à l'an 1052 ce qui est pour nous le 25 décembre 1051.

2. Lamberti annales, 1053 : « Imperator nativitatem Domini Goslariae celebravit... Ibi quoque per Gotefridum ducem heretici deprehensi sunt et suspensi. » (*Monumenta Germaniae*, Scr. t. V, p. 155.)

3. Chronicon S. Andreae Camerac., III, 3 : « Quidam vero de ministris episcopi et alii multi deducentes eum in quoddam tugurium inducunt et non reluctantem sed intrepidum et ut aiunt in oratione prostratum admoto igne cum tugurio combusserunt. » (*Monumenta Germaniae*, Scr. t. VII, p. 540.)

surtout de ce que le cathare en question avait attaqué les prêtres simoniaques. Il nous est parvenu une lettre de ce pape, dans laquelle il ordonne de faire une enquête sur cette affaire[1] ; mais on ne voit pas ce qui en advint définitivement.

Dans les premières années du XIIe siècle, un autre hérésiarque, probablement cathare aussi, Tanquelin, gagna de nombreux adhérents et fit beaucoup parler de lui dans les Pays-Bas. Nous avons, de l'année 1112, une lettre adressée par l'église de Liège à celle de Cologne, pour inviter celle-ci à sévir contre les hérétiques qui s'étaient réfugiés sur son territoire[2].

En 1114, divers hérétiques furent condamnés par l'évêque de Soissons, et mis en prison : l'évêque, ne sachant quel parti prendre à leur égard, se disposait à consulter ses confrères assemblés en concile à Beauvais. Mais le peuple, « craignant la « mollesse sacerdotale », les arracha par force de la prison et les brûla dans la campagne. Guibert de Nogent, qui rapporte le fait, loue le « juste zèle » que les fidèles montrèrent en cette occasion pour arrêter la propagation du « chancre ». Mais il est clair que cette sorte d'exécution n'eut rien de juridique[3].

En 1144, on vit un évêque de Liège, Albéron II, reprendre la tradition de Wazon et s'opposer au meurtre des hérétiques dans son diocèse. Il y eut quelque peine, car là, comme à Soissons, comme à Cambrai, la foule avait enlevé de force les hérétiques et s'apprêtait à les brûler sans forme de procès. Il réussit pourtant à les sauver[4].

1. *Monumenta Germaniae*, Scr. t. VII, p. 540, note 31.

2. *Acta Sanctorum*, juin, t. I, p. 845.

3. Guibert de Nogent, I, 15 : on soumit les deux premiers hérétiques accusés à l'épreuve de l'eau : « Clementius in dolium missus acsi virga supernatat... Alter *confessus errorem sed impenitens cum fratre convicto in vincula conjicitur.* Duo alii e Durmantiis villa probatissimi haeretici ad spectaculum venerant pariterque tenti sunt. Interea perreximus ad Belvacense concilium consulturi episcopos quid facto opus esset. Sed fidelis interim populus clericalem verens mollitiem concurrit ad ergastulum, rapit, et subjecto eis extra urbem igne pariter concremavit. Quorum ne propagaretur carcinus, justum erga eos zelum habuit Dei populus. » (*Rec. des hist. de Fr.*, t. XII, p. 366.)

4. Lettre de l'église de Liège au pape Lucius II, 1144 : « A Monte Guimari, quo nomine quidam vicus in Francia dicitur, quaedam haeresis per diversas terrarum partes defluxisse cognoscitur... Cujus apud nos sectatores quidam detecti, convicti et confessi sunt ; hos turba turbulenta raptos incendio tradere deputavit ; sed nos, Dei favente misericordia, pene omnes ab instanti supplicio, de ipsis meliora spectantes, vix tamen eripuimus ... Alios vero hujus erroris

Ces luttes entre un peuple trop zélé et un clergé plus tolérant sont assez fréquentes à cette époque. Vers le même temps, la ville de Cologne en offre un nouvel exemple. Là aussi, des hérétiques furent arrachés par la foule aux prisons archiépiscopales et brûlés, malgré le clergé, qui n'avait pas même fini d'instruire leur procès ecclésiastique[1].

Les exécutions ne s'en poursuivaient pas moins ailleurs avec le concours même des princes et des prélats. En 1145 parut en Bretagne l'hérésiarque Éon, originaire du pays de Loudéac. Plusieurs de ses disciples, en différents endroits et principalement dans le diocèse de Saint-Malo, furent arrêtés et périrent de divers genres de mort[2]. En 1148, il fut traduit devant le concile qui s'assembla à Reims sous la présidence du pape Eugène III : le concile condamna son hérésie et le fit provisoirement mettre en prison. Il y mourut promptement, et peut-être n'échappa-t-il que par là au bûcher, car plusieurs de ses disciples furent brûlés peu de temps après sa mort[3].

participes per religiosa loca divisimus, quid super eis ad correctionem agendum sit a vobis exspectantes. » (Martène, *Amplissima collectio,* t. I, col. 776 et 777.)

1. Evervini praepositi Steinfeldensis epistola ad S. Bernardum : « Nuper apud nos juxta Coloniam quidam haeretici detecti sunt ... Duo ex eis ... nobis restiterunt in conventu clericorum et laicorum, praesente ipso domino archiepiscopo cum magnis viris nobilibus, haeresim suam defendentes. Sed cum vidissent se non posse procedere, petierunt ut eis statueretur dies, in quo adducerent de suis viros fidei suae peritos : promittentes se velle ecclesiae sociari, si magistros suos viderent in responsione deficere, alioquin se velle potius mori quam ab hac sententia deflecti. Quo audito cum per triduum essent admoniti et respicere [resipiscere?] noluissent, rapti sunt a populis nimio zelo permotis, nobis tamen invitis, et in ignem positi atque cremati, et, quod magis mirabile est, ipsi tormentum ignis non solum cum patientia, sed et cum laetitia introierunt et sustinuerunt. » (Mabillon, *Vetera analecta*, in-fol., p. 473.)

2. Chron. Britannicum : (Quidam haereticus) « qui inter caeteras haereses Deum se faciebat : in cujus etiam fidei immo haeresis perseverantia multi per diversas provincias praesertim in Aletensi episcopatu diversa usque ad mortem pertulere supplicia. Eudo erat nomine de pago Lodiacense ortus. » (*Rec. des hist. de Fr.*, t. XII, p. 558.)

3. Guillelmus Neubrigensis, I, 19 : « Jussus autem ex decreto concilii, ne pestis iterum serperet, diligenter custodiri, tempore modico supervixit. Discipuli vero ejus ..., cum sanam doctrinam nulla ratione reciperent ..., curiae prius et postea ignibus traditi ardere potius quam ad vitam corrigi maluerunt. » — Cf. Ott. Frising. Gesta Frid. I, c. 55 (*Mon. Germ.*, Scr. XX, p. 381), Robert de Torigni, éd. L. Delisle, t. I, p. 248, Sigeb. contin. Praemonstr., 1148 (*Mon.*

Mais c'était toujours le hasard ou l'inspiration du moment qui décidait, chaque fois, du traitement à infliger aux hérétiques, et le droit sur cette question n'était pas fixé. Un autre concile, tenu à Reims en 1157, tenta de mettre fin à cette incertitude, en édictant des peines précises contre les hérétiques ; c'est peut-être la première loi qui ait été portée sur cette matière depuis les constitutions des empereurs romains. Les peines qu'il établit sont variables. La peine de mort n'est pas exclue, mais elle est indiquée en termes voilés, et il faut la deviner pour l'y voir ; elle n'a d'ailleurs qu'un caractère exceptionnel. Les coupables sont divisés en deux classes, d'une part les apôtres de l'hérésie cathare (car c'est toujours de celle-là qu'il s'agit), qui, non contents de professer cette hérésie, lui ont gagné des prosélytes, de l'autre les simples prosélytes séduits par ces apôtres. Les premiers sont condamnés à la prison perpétuelle, « à moins qu'il ne « paraisse y avoir lieu de leur infliger un châtiment plus grave », les autres à la marque et au bannissement[1]. Ce « châtiment plus « grave », indiqué en passant, est probablement le bûcher ; mais on voit que le concile de Reims n'en fait pas la peine normale de l'hérésie, puisqu'il juge à propos d'en édicter d'autres en même temps. La pratique allait plus loin ; elle condamnait presque toujours les hérétiques au feu, et ne distinguait pas entre les apôtres et les prosélytes. Quant aux peines de la marque et du bannissement, elles ne paraissent guère avoir été appliquées, du moins dans le pays où elles avaient été promulguées.

Dans un pays voisin, en Angleterre, elles furent, une fois du moins, mises en pratique. Les canons du concile de 1157 étaient-ils obligatoires hors de France, ou la ressemblance entre les décisions prises en Angleterre et celles qui avaient été arrêtées à Reims ne fut-elle due qu'à une simple coïncidence ? C'est ce qu'on

Germ., Scr. VI, p. 452-454), Aubri de Trois-Fontaines, 1148 (*Mon. Germ.*, Scr. XXIII, p. 839-840).

1. « Majores vero quibus alii seducuntur, si confessi fuerint vel convicti, carcere perpetuo, *nisi gravius aliquid mihi* [?] *eis fieri debere visum fuerit*, recludentur. Sequaces vero itidem confessi vel convicti, his exceptis qui ab eis seducti correptique facile resipiscant, ferro calido frontem et facies signati pellantur. » Texte publié d'abord par Martène, *Ampliss. coll.*, t. VII, col. 74, souvent reproduit, et notamment en partie dans les additions des Bénédictins à Du Cange, s. v. PIFLI. — Le mot *mihi* étonne ; est-ce bien réellement un canon de concile que ce texte, donné pour tel par Martène ?

ne peut dire. Le fait eut lieu en 1166, sous le règne de Henri II. En Angleterre alors, pas plus qu'en France ou dans l'empire, la coutume ne connaissait le délit d'hérésie. Le célèbre jurisconsulte anglais du temps de Henri II, Glanville, donne une énumération des crimes : il nomme le crime de lèse-majesté, la dissimulation d'un trésor trouvé, l'infraction à la paix royale, l'homicide, l'incendie, le vol, le rapt, le faux, tous crimes punis de mort ou de mutilation, et les délits moindres, les rixes, les coups et blessures. Il ne dit pas un mot des crimes contre la foi chrétienne[1]. — L'hérésie était demeurée du reste à peu près inconnue en Angleterre. Le catharisme se montra en ce pays, pour la première et probablement la dernière fois, dans l'occasion dont il s'agit, en 1166. Une trentaine de sectaires, hommes et femmes, venant d'Allemagne et ne parlant guère que l'allemand, se répandirent en Angleterre et cherchèrent à faire des prosélytes ; ils ne convertirent à leur croyance qu'une femme. Mais c'en fut assez pour alarmer l'autorité ; le roi Henri II s'empressa d'assembler les évêques de son royaume en concile à Oxford et de faire comparaître devant eux les apôtres du nouveau dogme. Leur doctrine, qu'ils défendirent avec chaleur, fut jugée hérétique. Le roi alors ordonna, s'ils ne se convertissaient, de les marquer au front d'un fer rouge, de les fouetter publiquement et de les chasser de la ville, avec défense à toute personne de les héberger ou de les secourir. Leur prosélyte anglaise fut seule effrayée de cette menace et abjura l'hérésie. Les autres acceptèrent avec joie le martyre et subirent leur sentence dans toute sa rigueur. Après les supplices de la marque et du fouet, ils furent chassés à demi nus dans la campagne ; c'était en hiver : tous moururent de froid. Mais « nul « n'eut d'eux la moindre pitié », et « la pieuse rigueur de cette « sévérité, non seulement purgea le royaume d'Angleterre de la « peste qui y avait pénétré, mais encore l'empêcha d'y rentrer « jamais, par la terreur qu'elle inspira aux hérétiques[2]. »

1. Glanville, I, II, dans Houard, *Traité sur les coutumes anglo-normandes*, in-4°, t. I, p. 386.

2. Guillelmus Neubrigensis, l. II, c. 13 : « Tunc episcopi, ne virus haereticum latius serperet praecaventes, eosdem publice pronuntiatos haereticos corporali disciplinae subdendos catholico principi tradiderunt : qui praecepit haereticae infamiae characterem frontibus eorum inuri et spectante populo virgis coercitos urbe expelli, districte prohibens ne quis eos vel hospitio recipere vel aliquo solatio confovere praesumeret. Dicta sententia ad poenam justissimam

Ce fait est isolé, et c'est peut-être le seul exemple de l'application de cette peine. Elle ne se maintint pas en Angleterre même, ainsi qu'on le verra plus loin.

Revenons au continent. Les exécutions y continuent, avec la même sévérité, et aussi avec le même caractère d'arbitraire et d'irrégularité.

En 1160, des hérétiques furent tués en Allemagne, par ordre d'un prince ; mais ni le lieu exact ni le mode du supplice ne nous sont connus[1]. En 1163, on brûla à Cologne des cathares venus de la Flandre[2].

En 1167, à Vézelay, dans la Bourgogne française, des cathares furent jugés et convaincus par-devant l'abbé de Vézelay et plusieurs évêques. Ils furent brûlés : mais cela n'alla pas de soi, comme une peine régulière venant à la suite du crime pour lequel elle est établie. L'abbé fit appel à la foule qui assistait à la condamnation, et l'invita à prononcer elle-même sur le sort des hérétiques. Tous répondirent d'une voix : *Qu'on les brûle!* et alors leur supplice fut résolu. Encore ne le subirent-ils pas tous : un d'entre eux, dont la culpabilité avait paru douteuse, fut, par ordre de l'abbé, seulement fouetté et banni[3]. Peut-être cette dernière décision fut-

ducebantur gaudentes ... Illa quidem muliercula quam in Anglia seduxerant metu supplicii discedens ab eis errorem confessa reconciliationem meruit. Porro detestandum illud collegium cauteriatis frontibus justae severitati subjacuit, eo qui primatum gerebat in eis, ob insigne magisterii, inustionis geminae hoc est in fronte et circa mentum dedecus sustinente ; scissisque cingulo tenus vestibus publice caesi et flagris resonantibus urbe ejecti, algoris intemperantia (hyems quippe erat) nemine vel exiguum misericordiae impendente misere interierunt. Hujus severitatis pius rigor non solum peste illa quae jam irrepserat Angliae regnum purgavit, verum etiam ne ulterius irreperet incusso haereticis terrore praecavit. » (Guill. Neubrig., *Rerum anglicarum libri V*, studio Th. Hearnii, Oxonii 1719, in-8°.) — La date de 1166 est donnée par Raoul de Diceto, *Ymagines historiarum*, éd. Stubbs, t. I, p. 318 ; par les annales de Tewkesbury et de Worcester, Luard, *Annales monastici*, t. I, p. 49, et t. IV, p. 381 ; par Raoul de Coggeshall, p. 122 (*Rerum britannicarum medii ævi scriptores*).

1. Albr. Tr. Fontium, 1160 : « Prodiit in Alamannia ... quedam heresis ... Princeps in cujus terra resederant consilium ab episcopo loci requisivit ... Cum ergo princeps ille catholicus cum suis fere omnes detruncasset, ita adnichilati sunt quod ex tunc latuerunt. » (*Monumenta Germaniae*, Scr. t. XXIII, p. 845.)

2. Ann. Colon. maximi, 1163, *Mon. Germ.*, Scr. t. VII, p. 778 ; Caesarius Heisterbacensis, dist. V, c. 19.

3. Historia Vizeliacensis monasterii, auctore Hugone Pictavino, l. IV, à la fin : « Et cum instaret Paschalis solemnitas, duo ex illis, audito quod proxime

elle une application du décret du concile de 1157 ; toutefois ce concile prononçait, outre le bannissement, la marque et non le fouet.

Vers les années 1176 à 1180, deux femmes furent reconnues coupables de l'hérésie cathare, à Reims, devant l'archevêque et son clergé, en présence de plusieurs « nobles hommes » ; on délibéra sur ce qu'il y avait à faire, et « d'un commun conseil, il fut « décidé » qu'elles seraient brûlées. L'une d'elles fut exécutée, l'autre, s'il fallait en croire l'auteur qui rapporte ce fait, se serait échappée par miracle[1].

En 1183, le même archevêque de Reims, Guillaume, se rendit en Flandre comme légat du saint-siège, et y condamna un grand nombre de cathares. Le comte de Flandre, Philippe, se fit remarquer par la sévérité qu'il déploya contre ces hérétiques[2]. D'accord avec le légat, il les fit tous brûler et confisqua leurs biens, qu'il partagea entre lui et l'archevêque[3].

ignis exterminandi essent judicio, finxerunt se credere quod catholica credit ecclesia, et pro pace ecclesiae aquae examine satisfacturos. In ipsa igitur processione Paschalis solemnitatis adducti sunt in medium maximae multitudinis quae totum claustrum occupabat, stante Guichardo Lugdunensi archiepiscopo et Bernardo Nivernensium episcopo, magistro quoque Galterio Laudunensi episcopo, cum Guillelmo Vizeliacensi abbate ... Abbas dixit omnibus qui aderant : Quid ergo, fratres, vobis videtur faciendum de his qui adhuc in sua perseverant obstinatione? Responderunt omnes : Comburantur, comburantur. Sequenti die adducti sunt illi duo qui videbantur revocati, ad judicium examinis aquae ; quorum unus omnium judicio salvus per aquam factus est (fuerunt tamen nonnulli qui exinde dubiam tulere sententiam), alter ... bis denique damnatus igni ab omnibus adjudicatus est ; sed deferens abbas praesentiae suae publice caesum eliminari praecepit. Caeteri autem numero septem igni traditi exusti sunt in valle Esconii. » (D'Achery, *Spicilegium*, in-fol., t. II, p. 560; *Rec. des hist. de Fr.*, t. XII, p. 343-344.)

1. Raoul de Coggeshall, éd. Stevenson (*Rerum britann. med. ævi scriptores*), p. 121-125 : « ... Quae coram archiepiscopo et omni clero ac in praesentia nobilium virorum in aula archiepiscopali revocatae pluribus iterum allegationibus de abrenunciando errore publice conveniuntur. Quae cum salutaribus monitis nulla ratione acquievissent, sed in errore jam semel concepto immobiliter perstitissent, communi consilio decretum est ut flammis concremarentur... » D'après le concile de Reims de 1157, la plus jeune de ces deux femmes, qui n'était que disciple de l'autre, n'aurait dû subir que la peine de la marque et du bannissement.

2. R. de Coggeshall, p. 122 : « Illo in tempore ubique exquirebantur et perimebantur, sed maxime a Philippo comite Flandrensium, qui justa crudelitate eos immisericorditer puniebat. »

3. Guillaume de Nangis, 1183 : « Eodem tempore multi haeretici combusti

Hugues, évêque d'Auxerre, de 1183 à 1206, s'attacha avec ardeur à poursuivre les cathares de son diocèse. Il provoqua contre eux l'action du bras séculier. Or, quoiqu'il y eût alors déjà deux siècles que l'usage de brûler les hérétiques s'était établi, cet usage ne fut pas encore considéré comme coutume obligatoire. On infligea arbitrairement aux cathares d'Auxerre diverses sortes de peine ; quelques-uns furent brûlés, d'autres exilés, d'autres eurent leurs biens confisqués[1].

Durant tout le règne de Philippe-Auguste, d'ailleurs, les exécutions furent nombreuses[2]. Huit cathares furent brûlés à Troyes en 1200[3], un à Nevers en 1201[4], plusieurs à Braisne-sur-Vesle[5] en 1204[6]. En 1209 furent brûlés à Paris les disciples de l'hérésiarque Amauri de Beynes. Cette dernière hérésie avait longtemps échappé à l'attention des autorités ecclésiastiques ; mais en 1209, un des ministres du roi, frère Guérin, et l'évêque de Paris, ayant entendu parler de la secte nouvelle, chargèrent un prêtre, nommé Raoul, de rechercher ce qui en était. « Ce Raoul », dit l'historiographe de Philippe-Auguste, Guillaume le Breton, « homme

sunt in Flandria a Guillermo Remensium archiepiscopo apostolicae sedis legato et a Philippo Flandrensium comite. » (*Rec. des hist. de Fr.*, t. XX, p. 741 AB.) — Sigeberti continuatio Aquicinctina, 1183 : « Multi sunt in presentia archiepiscopi et comitis accusati, nobiles, ignobiles, clerici, milites, rustici, virgines, vidue et uxorate. Tunc decretalis sententia ab archiepiscopo et comiti prefixa est ut deprehensi incendio traderentur, sustantie vero eorum sacerdoti et principi resignarentur. » (*Monum. Germ.*, Scr. t. VI, p. 421.)

1. Robertus Altisiod., 1205 : « Haereticos quos Bulgaros vocant vehementer studuit insectari, ejusque instantia actum est ut plerique rebus suis exinanirentur, exterminarentur alii, alii cremarentur. » (*Rec. des hist. de Fr.*, t. XVIII, p. 273 CD.) Le même auteur mentionne expressément une exécution par le feu, en 1198 (*ibid.*, p. 262 DE).

2. Guillaume le Breton, *Philippeis*, l. I, v. 407-410 :

Quos Popelicanos vulgari nomine dicunt
De tenebris latebrisque suis prodire coacti
Producebantur servatoque ordine juris
Convincebantur et mittebantur in ignem.

3. Aubri de Trois-Fontaines, 1200 : « Apud civitatem Trecas Popelicani hoc anno inventi traditi sunt igni et concremati usque ad 8, videlicet 5 viri et 3 femine ... » (*Monum. Germ.*, Scr. t. XXIII, p. 878.)

4. *Rec. des hist. de Fr.*, t. XVIII, p. 264 AB et 729 C.

5. Aisne, arrond. de Soissons.

6. Chron. anon. Laudun. canonici : « ... Quidam ... infideles reperti sunt in praesentia comitis loci, Roberti scilicet patruelis Philippi regis Francorum, et Yolent comitissae et multorum aliorum, quorum judicio post paucos dies extra castrum flammis sunt exusti. » (*Rec. des hist. de Fr.*, t. XVIII, p. 713 A.)

« subtil, rusé et vrai catholique, chargé de cette mission, fei-« gnait avec un art merveilleux, lorsqu'il rencontrait des héré-« tiques, d'être de leur secte, et eux, alors, lui révélaient leurs « secrets, croyant parler à un des leurs. Ainsi beaucoup d'adeptes « de cette secte, prêtres, clercs, laïques, femmes, qui étaient « longtemps restés cachés, furent enfin découverts, grâce à « Dieu, arrêtés, menés à Paris et présentés au concile assemblé « en cette ville, qui les convainquit, les condamna, dégrada ceux « qui avaient les ordres, et les livra à la cour du roi Philippe... » Le roi n'était pas alors à Paris. Son absence n'avait pas empêché la justice ecclésiastique de suivre son cours régulier. Mais, la condamnation prononcée, il fallut attendre son retour pour décider du châtiment temporel des condamnés ; car ce châtiment n'étant pas déterminé par la loi, le roi seul pouvait, dans son domaine, prendre l'initiative et la responsabilité d'en édicter un par résolution arbitraire. Il les fit brûler vifs, et son historien officiel le loue de s'être ainsi montré « roi très chrétien et catho-« lique » : s'il le loue de cette décision, c'est donc qu'elle n'allait pas de soi. Au reste il n'infligea pas ce supplice à tous : quelques-uns de ceux qu'on jugea les moins coupables ne furent condamnés qu'à un emprisonnement perpétuel. L'hérésiarque Amauri, qui était mort, fut exhumé et ses restes dispersés[1]. — Enfin, vers

1. Guillaume le Breton, 1209 : « Fama hujusmodi pervenit occulte ad viros venerabiles Petrum Parisiensem episcopum et fratrem Garinum regis Philippi consiliarium, qui, misso clam magistro Radulfo de Nemurtio clerico, diligenter inquiri fecerunt hujus sectae viros. Idem Radulfus articulosus et astutus et vere catholicus, sic missus, mirabili modo fingebat se esse de secta eorum, cum ad singulos veniebat, et illi revelabant ei secreta sua tamquam suae sectae participi, ut putabant. Et ita hujus sectae plures, sacerdotes, clerici et laici ac mulieres, diutius latentes, prout Domino placuit, tandem detecti et capti et Parisius adducti et in concilio ibidem congregato convicti et condempnati et ab ordinibus in quibus erant degradati, traditi fuerunt curiae Philippi regis ; qui, tamquam rex christianissimus et catholicus, vocatis apparitoribus, fecit omnes cremari, et cremati sunt Parisius extra portam, in loco qui nuncupatur Campellus ; mulieribus autem et aliis simplicibus qui per majores corrupti fuerant et decepti pepercerunt. Praedictus autem haeresiarcha Amalricus, quia plane constitit sectam illam ab eo originem habuisse, licet in pace ecclesiae, ut putabatur, sepultus fuisset, ab universo concilio etiam post mortem excommunicatus fuit et condempnatus et a cimiterio sacro ejectus et ossa ac cinis ejus per sterquilinia sunt dispersa. Benedictus Deus per omnia. » (*Rec. des hist. de Fr.*, t. XVII, p. 83-84.) — Cf. Caes. Heisterb., dist. V, c. 22, qui mentionne le fait de l'absence du roi au moment de la condamnation ecclésiastique ; Guillaume de Nangis, D'Achery, *Spicil.*, in-fol., t. III, p. 24 A ; Chron. de Mailros, dans *Rec. des hist. de Fr.*, t. XIX, p. 250 BC.

1220, à Troyes (?), un hérétique fut encore brûlé, non par l'autorité, mais par la foule, irritée de ses blasphèmes[1].

Dans l'empire, des faits analogues se produisaient. A Metz, il est vrai, si l'on en juge par deux témoignages malheureusement trop peu précis, l'autorité municipale paraît s'être opposée à l'emploi de la violence contre des hérétiques vaudois, envers lesquels l'évêque voulait user de rigueur, et l'église en fut réduite à lutter par la seule prédication[2]. Mais ailleurs on ne voit pas la même tolérance. A Besançon, à une époque qui n'est pas connue précisément (avant 1222), le peuple commença encore par protéger les hérétiques contre le clergé[3]; mais bientôt, converti par les prédications de l'évêque, il se tourna contre ses protégés et les brûla, toujours sans forme de procès[4]. Vers 1212, à Strasbourg, près de quatre-vingts hérétiques, une autre fois, dix seulement, furent brûlés, après avoir été convaincus, « devant « l'église », par l'épreuve du fer ardent[5]; vainement, semble-t-il,

1. Caes. Heisterb., dist. V, c. 23 : « Vix sunt duo anni elapsi quod quidam diabolo plenus apud Precas (corr. Trecas?) se esse Spiritum Sanctum praedicabat, cujus insaniam populi non sufferentes in crate posuerunt et copioso igne circumposito in carbonem redegerunt. »

2. Aubri de Trois-Fontaines, 1200 : « Item in urbe Metensi pullulante secta qui dicitur Valdensium, directi sunt *ad predicandum* quidam abbates, qui quosdam libros de latino in romanum versos combusserunt et predictam sectam extirpaverunt. » (*Monum. Germ.*, Scr. t. XXIII, p. 878.) — Caes. Heisterb., dist. V, c. 20 : « ... Sub episcopo Bertramo ... orta est haeresis Waldosiana in civitate Metensi ... — Non enim poterat illis episcopus vim inferre propter quosdam potentes civitatis qui eos in odium episcopi fovebant, eo quod quendam usurarium defunctum ipsorum cognatum de atrio ecclesiae ejecisset. — Haereses Waldosianae ... in eadem civitate sunt seminatae, et necdum prorsus extinctae. » Sur ces Vaudois de Metz et les abbés envoyés pour les convertir, voyez Innoc. III epist. II, 235 (9 déc. 1199). Peut-être le témoignage de Césaire de Heisterbach ne se rapporte-t-il pas à la même époque que celui d'Aubri et la lettre d'Innocent III : voyez ci-après chap. IV.

3. Caes. Heisterb., dist. V, c. 18 : « Cum eis resistere vellent (l'évêque et son clergé), haereticos et deceptores Diabolique ministros illos affirmantes, vix evaserunt ut non a populo lapidarentur. »

4. Ibid. : « Tunc universi furentes Diaboli ministros cum Diabolo in ignibus aeternis cruciandos in ignem praeparatum projecerunt. »

5. Annales Marbacenses, ad ann. 1215 : « Ante tempora hujus concilii [Latran] fere triennio ... heretici qui perverso dogmate latenter seducunt fideles aecclesiae comprehensi sunt in civitate Argentina. Producti vero cum negarent heresim, judicio ferri candentis ad legittimum terminum reservantur, quorum numerus fuit octoginta vel amplius de utroque sexu. Et pauci quidem ex eis innocentes apparuerunt, reliqui omnes coram aecclesia convicti per adustionem manuum dampnati sunt et incendio perierunt. » (*Monum. Germ.*, Scr. t. XVII,

le pape écrivit à l'évêque de Strasbourg pour lui interdire l'emploi des épreuves dans ces sortes de procès[1]. A Cambrai, vers 1217, la même procédure fut mise en usage et aboutit à de semblables exécutions : dans le récit qui nous est parvenu de ce fait, on voit un clerc chargé de procéder à l'épreuve pour juger l'hérésie, et un juge laïque présidant au supplice du feu[2]. A l'autre bout de l'Allemagne, le duc Léopold d'Autriche, en 1215, est loué par un poète du zèle qu'il a mis à brûler les hérétiques de ses états[3]. Enfin, en 1231, commença en Allemagne une longue et sanglante persécution, où se signala le zèle de l'inquisiteur Conrad de Marbourg[4] ; et en cette même année 1231 une loi fut rendue pour régler ce qui devrait être fait des biens des hérétiques condamnés à mort[5].

Néanmoins, en Allemagne pas plus qu'en France, le droit, en ce qui concerne les châtiments à infliger aux hérétiques, n'était fixé. C'est ainsi qu'à côté des exécutions sanglantes on voit parfois des sentences plus douces. En 1222, à Goslar, un ecclésiastique, Henri Minnekke, prévôt du monastère de Neuwerk, jugé hérétique par son diocésain, l'évêque de Hildesheim, ne fut d'abord que privé de sa charge et emprisonné[6] ; au bout de plusieurs années seulement, l'inquisiteur Conrad de Marbourg le tira de la prison épiscopale et le fit brûler[7]. Un monument législatif que

p. 174.) Cf. Caes. Heisterb., dist. III, c. 17 : « Decem haeretici in eadem civitate, scilicet Argentina, quae et Straessburg, comprehensi sunt ; qui cum negarent, per judicium candentis ferri convicti, sententia incendii sunt damnati. »

1. Lettres d'Innocent III, l. XIV, ep. 138, dans l'édition de Baluze, t. II, p. 576.

2. Caes. Heisterb., dist. III, c. 16 : « Missus est ab episcopo clericus qui negantes per candens ferrum examinaret, adustos haereticos esse sententiaret. Examinati sunt omnes et combusti sunt omnes ... Vocatus est vir a judice ad ignem, ad quem clericus : Quare eum vocatis? Ut ardeat, inquit, eo quod in examinatione combustus sit ... »

3. *Waelscher Gast*, vers 12683, cité par M. Frensdorff, dans *Hansische Geschichtsblaetter*, t. VI, p. 107.

4. Ficker, p. 181, 219.

5. *Monum. Germ.*, Legum t. II, p. 284.

6. Chronicon Montis Sereni, 1222 : « Heinricus prepositus de Goslaria, cognomine Minnekke, a Conrado Hildenesheimensi episcopo de heresi Manicheorum convictus, depositus et in custodia diutina detentus est. » (*Monum. Germ.*, Scr. t. XXIII, p. 199.)

7. Ficker, p. 212 ; Chron. S. Petri Erfurtense, 1222, dans Menckenius, *Scriptores rerum germanicarum*, t. III, col. 250 ; Sudendorf, *Registrum oder merkwürdige Urkunden f. d. deutsche Gesch.*, II (Berl. 1851), p. 260 et suivantes.

l'auteur d'un travail récent croit avoir été rédigé en 1224[1], la *treuga Henrici*, édictant des peines contre divers crimes, prévoit entre autres le cas d'hérésie : or, pour ce cas, le texte ne sait encore quelle peine fixer et s'en rapporte à la discrétion des juges : « Les hérétiques, dit ce texte, les enchanteurs, les auteurs « de maléfices de toute espèce, atteints et convaincus, seront punis « du châtiment qui leur est dû, selon l'appréciation du juge[2]. »

Nous voilà arrivés à l'époque où, la peine du feu passant de la région du nord dans celle du midi, la législation sur les hérétiques va partout s'unifier et se régulariser. De l'exposé qui précède, retenons deux faits : de l'an 1000 au premier tiers du XIIIe siècle, dans la région du nord, aucune législation temporelle ne vise le crime d'hérésie et ne le frappe d'une peine ; mais, en fait, l'usage de mettre à mort les hérétiques (le plus souvent par le feu) s'est établi graduellement et est presque passé en coutume.

IV.

DU XIe AU XIIIe SIÈCLE : RÉGION DU MIDI.

Si la région du midi se distingua de bonne heure de celle du nord par la douceur plus grande avec laquelle y furent traités les hérétiques, cette différence ne se manifesta pourtant qu'après quelques années. Au début du XIe siècle, au moment de l'apparition des cathares, des exécutions violentes eurent lieu dans le midi comme dans le nord. Ce fut même le midi qui donna le premier l'exemple de ces rigueurs ; mais elles n'y eurent qu'une courte durée.

Le premier hérétique dont l'histoire rapporte la condamnation fut un certain Vilgard, de Ravenne ; Pierre, archevêque de cette ville, ayant examiné sa doctrine, prononça qu'il errait en la foi. Le chroniqueur qui rapporte le fait n'indique pas explicitement quelles furent pour lui les suites de cette sentence ecclé-

1. Eggert, *Studien zur Geschichte der Landfrieden*, Goettingen 1875, in-8°, p. 63.

2. Treuga Henrici, 21 : « Heretici, incantatores, malefici quilibet, de veritate convicti et deprehensi, ad arbitrium judicis poena debita punientur. » (*Mon. Germ.*, Legum t. II, p. 268.) Le fait même que l'hérésie soit mentionnée est un motif pour attribuer à ce document, comme l'ont fait Pertz et M. Eggert, une date assez tardive.

siastique ; mais ce qu'il ajoute aussitôt après donne à croire qu'on le fit périr, et nous révèle en même temps d'autres exécutions : « On trouva encore, dit-il, dans toute l'Italie plusieurs autres « sectateurs de cette croyance pernicieuse, qui périrent, *eux* « *aussi*, ou par le fer ou par le feu[1]. »

La croyance cathare se répandait alors à la fois en Italie et dans les pays voisins. En Sardaigne, elle fit de nombreux prosélytes, et de là elle fut portée en Espagne, où elle ne fut pas non plus tolérée d'abord ; il semble même que ceux qui venaient la prêcher en ce pays aient été mis à mort par les habitants, mais cela n'est pas certain[2].

A Toulouse, des cathares furent tués, probablement à la suite de l'exemple donné à Orléans par le roi Robert en 1022[3].

Enfin vers l'année 1034, en Italie, des cathares furent pris à Monforte, bourg fortifié du diocèse d'Asti[4], où ils avaient un établissement important, et furent encore condamnés à périr. Les uns furent pris et exécutés sur place par Alric ou Alderic, évêque d'Asti, le marquis Mainfroi, son frère, et divers seigneurs des environs, « qui, ne pouvant les faire revenir de leur folie, les « brûlèrent dans le feu[5] » ; les autres furent emmenés à Milan

1. Rodulf. Glaber, l. II, c. 12 : « Ipso quoque tempore non impar apud Ravennam exortum est malum. Quidam igitur Vilgardus dictus... Ad ultimum vero haereticus est repertus atque a pontifice ipsius urbis Petro damnatus. Plures etiam per Italiam tunc hujus pestiferi dogmatis sunt reperti, qui et ipsi aut gladiis aut incendiis perierunt. » (*Recueil des historiens des Gaules et de la France*, t. X, p. 23.)

2. Rod. Glab., ibid. : « Ex Sardinia quoque insula, quae his plurimum abundare solet, ipso tempore aliqui egressi, partem populi in Hispania corrumpentes, et ipsi a viris catholicis exterminati sunt. » Le mot *exterminati* peut signifier simplement *bannis*, *chassés* ; mais il peut signifier aussi *tués* (cf. *Hist. Vizeliacensis*, ci-dessus, p. 24, note 3, « audito quod proxime ignis exterminandi essent judicio »). Ici, comme cette phrase vient immédiatement après celle qui est reproduite dans la note précédente et où il est question d'hérétiques mis à mort, l'interprétation la plus vraisemblable est que les hérétiques sardes pris en Espagne furent tués aussi.

3. Adem. Cab., III, 59 : « Nihilominus apud Tolosam inventi sunt Manichei, et ipsi destructi. » (*Monumenta Germaniae*, Scr. t. IV, p. 143, l. 31-33.)

4. Aujourd'hui commune de la province de Cuneo, arrondissement d'Alba.

5. R. Glaber, IV, 2 : « Sepissime denique tam Mainfredus marchionum prudentissimus quam frater ejus Alricus Astensis urbis praesul, in cujus scilicet diocesi locatum habebatur predictum castrum, ceterique marchiones ac praesules circumcirca creberrimos illis assultus intulerunt, capientes ex eis nonnullos ; quos, dum non quivissent revocare ab insania, igne cremavere. » (*Mon. Germ.*, Scr. t. VII, p. 67, ou *Rec. des hist. de Fr.*, t. X, p. 45.)

par Héribert, archevêque de cette ville, qui s'efforça de les convertir. Comme il n'y réussissait pas, et qu'eux, au contraire, commençaient à répandre leur doctrine dans la ville, les magistrats civils résolurent de les faire périr. L'archevêque s'y opposa en vain : un bûcher et une croix furent dressés en face l'un de l'autre, les prisonniers furent amenés et reçurent l'ordre, ou d' « abjurer leur perfidie » et d'embrasser la croix en témoignage de leur conversion, ou de se jeter eux-mêmes dans les flammes « pour y brûler tout vifs ». Quelques-uns seulement prirent le premier parti et conservèrent la vie au prix d'une abjuration ; les plus nombreux, « couvrant leur visage de leurs « mains, se précipitèrent au milieu des flammes, et périssant « misérablement furent réduits en misérables cendres[1] ».

Mais ce zèle s'arrêta vite, et aux rigueurs succéda la tolérance. Après l'exécution des cathares de Monforte et jusqu'à la fin du XIIe siècle, il n'y a plus à signaler, pour toute la région du midi, qu'un seul hérétique qui ait péri de mort violente. Encore le fait est-il mal connu et paraît-il s'être produit dans des circonstances exceptionnelles. L'hérésiarque Pierre de Bruys, au XIIe siècle, prêchant sa doctrine dans le midi de la France, parla contre l'adoration de la croix et, joignant le fait à la parole, brûla solennellement une croix en public. La foule indignée de cet attentat le précipita lui-même dans les flammes, où il périt[2]. Cette vengeance fut sans doute provoquée moins par l'hétérodoxie même de Pierre de Bruys que par la violence sacrilège qu'il s'était per-

1. Landulfi Hist. Mediolanensis, II, 27 : « Et mittens Heribertus quamplurimos milites ad illum Montemfortem, omnes quos invenire potuit, cepit ; inter quos comitissam castri illius... Quos cum Mediolanum duxisset et per multos dies et per suos sacerdotes in fide catholica eos reintegrari desiderans laborasset... At ipsi ... falsa rudimenta a scripturis divinis detorta seminabant. Quod cum civitatis hujus majores laici comperissent, rogo mirabili accenso, cruce Domini ab altera parte erecta, Heriberto nolente illis omnibus eductis lex talis est data ut, si vellent, omni perfidia abjecta crucem adorarent, et fidem quam universus orbis tenet confiterentur, salvi essent ; sin autem, vivi flammarum globos arsuri intrarent. Et factum est ut aliqui ad crucem Domini venientes et ipsam confitentes fidem catholicam salvi facti sunt, et multi, manibus ante vultus missis, inter flammas exilierunt et misere morientes in miseros cineres redacti sunt. » (*Monum. Germ.*, Scr. t. VIII, p. 65-66.)

2. C'est du moins ce que paraît indiquer ce passage de Pierre le Vénérable, ép. 17 : « Sed post rogum Petri de Bruys, quo apud S. Aegidium zelus fidelium flammas dominicae crucis ab eo succensas eum cremando ultus est ; postquam plane impius ille de igne in ignem, de transeunte ad aeternum transitum fecit... » (*Rec. des hist. de Fr.*, t. XV, p. 640 A.)

mise à l'égard d'un objet saint aux yeux des catholiques. En tout cas, c'est là un fait complètement isolé pour cette époque et dans cette région.

En Italie, aucune exécution n'eut plus lieu après celle des cathares de Monforte. « Depuis cet événement..., dit M. Schmidt[1], « on ne trouve plus de traces de cathares en Italie ; aucune « chronique n'en parle... Si l'Église les laissa passer inaperçus, « c'est que les regards de ses chefs étaient portés sur des objets « qui leur paraissaient plus graves ; la grande dispute théologique « avec Bérenger, les querelles bien autrement vives avec les « empereurs, les luttes des papes, surtout de Grégoire VII, contre « la simonie et la corruption de la plupart des prélats de l'Italie, « les tumultes soulevés par le fanatique Ariald contre les prêtres « mariés de la Lombardie, toutes ces affaires d'une importance « si haute absorbèrent toute l'attention des souverains pontifes et « la détournèrent d'une petite secte que l'on croyait étouffée dans « les flammes du bûcher de Monteforte. Mais loin de périr, celle-ci « profita des circonstances politiques et ecclésiastiques si favo- « rables à ses progrès, pour se consolider et se répandre dans les « villes de la Lombardie, où dès le milieu du XIIe siècle elle appa- « raîtra fortement organisée ; cette organisation et ce dévelop- « pement seraient inexplicables, si on n'admettait pas que long- « temps avant qu'elle fût de nouveau découverte par l'Église, la « secte avait jeté des racines profondes dans l'esprit du peuple. » En effet, au XIIe siècle, on trouve les cathares établis dans toutes les villes d'Italie[2] et y vivant en paix : les autorités ecclésiastiques et laïques ne prirent aucune mesure contre eux avant les dernières années de ce siècle[3]. En 1170, saint Galdin, archevêque de Milan, trouva l'hérésie fortement établie dans cette ville ; les hérétiques prêchaient sans obstacle leurs dogmes en public, et l'archevêque ne put qu'opposer ses prédications aux leurs[4]. A

1. T. I, p. 23.

2. Schmidt, t. I, p. 59-66.

3. M. Schmidt, t. I, p. 63, paraît placer trop tôt des persécutions exercées contre eux à Orvieto : elles semblent n'avoir eu lieu que vers le temps de l'avènement d'Innocent III ; voy. *Acta sanctorum*, mai, t. V, p. 86 et suiv.

4. Vie de saint Galdin, archevêque de Milan : « Coepit haeresis Catharorum in civitate pullulare, distractionis et schismatis praecedentis causa ; quae usque adeo peccatis exigentibus creverat, ut multi ipsam haeresim aliosque errores ausu temerario publice praedicarent, et multae simplicium animae laqueis diabolicae fraudis caperentur. Huic igitur saevissimae pesti vir sanctus se opponens,

Modène, en 1192, on les voit possédant en commun des moulins, au su de toute la ville, et la municipalité, se trouvant obligée d'exproprier ces moulins pour cause d'utilité publique, règle l'indemnité qui doit leur être donnée : ils vivent donc en paix et en bonne intelligence avec la population catholique, et on leur reconnaît les mêmes droits qu'aux autres citoyens[1]. Enfin, aucun statut municipal italien, antérieur au XIIIe siècle, ne contient de dispositions contre les hérétiques[2].

Dans le midi de la France, le catharisme se développe également et se répand partout sans être inquiété. Un concile assemblé à Toulouse en 1056 ne prononce contre les hérétiques et leurs fauteurs que la peine ecclésiastique de l'excommunication[3]. Des coutumes du comté de Barcelone, rédigées vers 1068, les déclarent, ainsi que tous les excommuniés, incapables de témoigner en justice contre les orthodoxes : mais en même temps elles les séparent nettement des criminels ; elles semblent les considérer comme une classe de la société dont l'existence est reconnue et tolérée par la loi, de la même façon que celle des Juifs ou des Sarrasins, auxquels on les associe[4]. L'excommunication n'avait pas de sanction temporelle : vers 1110-1115, les magistrats civils de Castres refusèrent d'emprisonner des excommuniés poursuivis par l'abbé[5]. Les

multis sermonibus praedicationibusque populum suum ab illo stulto errore et vesania retrahebat, atque eum rudimentis catholicae fidei, quantum poterat, instruens verbo proficiebat et exemplo. » (*Acta sanctorum*, avril, t. II, p. 505.)

1. Règlement arrêté à Modène en 1192 pour la réforme du régime des eaux de la ville : « ... Et molendinum Petri de Cugnente et molendina patarinorum penitus destruantur, et a molendino Dragi usque ad angulum clausure Mazucheli molendina neque molendinum ibi nullo modo fiat... Et pro molendinis patarinorum et Petri de Cugnente dentur eis pro cambio molendina que fuerunt Buchedeferro ad congruens et conveniens fictum. » (Muratori, *Antiquitates Italicae*, t. V, p. 87.)

2. Ficker, p. 184.

3. « Concilium Tolosanum XVIII episcoporum... Haec in provinciis Galliae atque Hispaniae perpetim observanda aestimaverunt : ... XIII. Cum haereticis et cum excommunicatis ullam participationem vel societatem habentem praecipue excommunicamus : nisi correctionis vel admonitionis causa, ut ad fidem redeant catholicam. Si qui autem adjuvantes eos defendere conati fuerint : vinculo simul excommunicationis cum eis subditi permaneant. » (Labbe, t. IX, col. 1086.)

4. Usatici Barchin., 164 : « Homicidi, malefici, fures, venefici, sacrilegi, adulteri, incesti et omnes criminosi [n]ullo modo in testimonium recipiantur. Anathematizati vero, excommunicati, heretici, Sarraceni, Judei, a testimonio contra christianos sint alieni. » (Giraud, *Essai sur l'hist. du droit français*, t. II, p. 500.)

5. D'Achery, *Spicil.*, in-fol., t. III, p. 572 : Adstricti Satanae, etc.

cathares eurent donc toute facilité pour professer et pour propager leur foi. Saint Bernard, visitant en 1147 les villes du midi de la France, les trouva pleines d'hérétiques[1]. En 1165, un colloque eut lieu à Lombers entre des évêques catholiques et des docteurs cathares[2]. Il se termina par la condamnation ecclésiastique de ces derniers, mais cette condamnation ne paraît pas avoir eu d'autres suites. En 1167, les cathares de toutes les parties de la France méridionale purent en paix s'assembler et tenir un concile, où plusieurs évêques cathares furent consacrés et installés dans leurs sièges, en même temps qu'on fixa pour l'avenir les limites de leurs diocèses[3]. En 1179, le troisième concile de Latran se plaignait que les hérétiques de la Gascogne, de l'Albigeois et du Toulousain eussent toute liberté de pratiquer leur culte et de professer publiquement leur doctrine[4]. De nombreux témoignages attestent également la liberté dont jouissaient aux environs de l'an 1200 les cathares, ou, comme on peut les appeler alors, les Albigeois, dans les domaines des comtes de Toulouse et de Foix. Raymond VI professait le principe même de la tolérance et déclarait qu'il ne punirait jamais ses sujets pour fait d'hérésie[5]. Le comte de Foix fut dénoncé au quatrième concile de Latran, en 1215, pour la faveur qu'il avait accordée aux hérétiques de ses terres[6]; en répondant à cette accusation, il se défendit d'avoir aimé et favorisé les hérétiques, non de les avoir tolérés[7]. S'il fallait en croire un auteur qui, il est vrai, n'est pas de la contrée et parle par ouï-dire, les prêtres catholiques et les chefs cathares de la France méridionale luttaient publiquement de miracles pour accréditer aux yeux du peuple leurs doctrines respectives[8]. Jusqu'aux premières années du XIIIe siècle, les statuts municipaux des villes du midi de la France, dont le texte nous est parvenu, ne parlent pas des hérétiques et paraissent ignorer leur existence. Ainsi, nous possédons des coutumes de Montpellier, rédigées en 1204, et des coutumes de Carcassonne, postérieures de quelques années, dont le texte a été calqué sur celui des

1. *S. Bernardi opera*, éd. Mabillon, 1690, t. II, col. 1192 et suiv.

2. *Rec. des hist. de Fr.*, t. XIV, p. 431.

3. *Rec. des hist. de Fr.*, t. XIV, p. 448 et suiv.

4. Concile de Latran, 1179, c. 27, dans Labbe, *Sacrosancta concilia*, t. X, col. 1152.

5. Pierre des Vaux-de-Cernay, c. 4, *Rec. des hist. de Fr.*, t. XIX, p. 9 DB.

6. *Chanson de la croisade contre les Albigeois*, vers 3255 à 3264.

7. *Ibid.*, vers 3214-3215.

8. Caesarius Heisterbacensis, dist. IX, c. 12.

coutumes de Montpellier : on a dû ajouter dans la rédaction carcassonnaise des dispositions nouvelles contre les hérétiques, dont le texte de Montpellier n'avait fait nulle mention [1].

Ce système de tolérance, qui prévalait dans la pratique, n'était pas admis par l'église. Si en Italie, par les motifs exposés plus haut, l'église ne put accorder à l'hérésie qu'une attention distraite, dans nos provinces méridionales elle en prit plus de souci. Durant le XIIe siècle, elle fit des efforts répétés pour obtenir une action du pouvoir séculier contre les hérétiques, et obtint, grâce à ces efforts, quelques résultats ; elle fit de même en Italie, dans les dernières années de ce siècle seulement. Enfin, à partir du pontificat d'Innocent III, elle obtint des résultats positifs et durables et établit définitivement le principe que les hérétiques ne devaient pas être tolérés.

En 1119, un concile assemblé à Toulouse, sous la présidence du pape Calixte II, et composé de prélats de la Provence, du Languedoc, de la Gascogne, de l'Espagne et de l'Armorique, renouvela les condamnations ecclésiastiques déjà prononcées contre les hérétiques du midi ; en outre, il enjoignit aux « puissances extérieures », c'est-à-dire aux princes et aux magistrats temporels, de forcer ces hérétiques à la soumission [2]. La disposition était vague et peu susceptible, en ces termes, de recevoir une exécution ; mais elle marque une tendance dont il faut tenir compte. Vingt ans après, en 1139, elle fut renouvelée, presque dans les mêmes termes, par le deuxième concile de Latran [3]. En 1148, le concile tenu à Reims par le pape Eugène III excommunia les hérétiques de Gascogne et de Provence, leurs fauteurs et défenseurs, et ceux qui leur donneraient asile dans leurs terres : et il ordonna de prononcer l'interdit dans les domaines des princes qui enfreindraient ce canon [4]. En 1162, un concile de Montpellier

1. Les deux coutumes ont été imprimées en regard par M. Giraud, dans les preuves du t. I de son *Essai sur l'histoire du droit français*. Les différences signalées se remarquent aux articles 22, 31 et 120.

2. Concilium Tolosanum, c. 3 : « ... tanquam haereticos ab ecclesia Dei pellimus et damnamus : et per potestates exteras coerceri praecipimus. » (Labbe, *Sacrosancta concilia*, t. X, col. 857.)

3. Labbe, t. X, col. 1008.

4. Concilium Remense, 22 mars 1148, c. 18 : « Ut nullus omnino hominum haeresiarchas et eorum sequaces qui in partibus Guasconiae aut Provinciae vel

invita également les princes à exercer contre les hérétiques leur « juridiction séculière », *jurisdictionem saecularem*[1]. Enfin, l'année suivante, à Tours, un nouveau concile ajouta à toutes ces prescriptions vagues une clause plus précise ; il fixa les peines dont il voulait que les princes du Toulousain et de la Gascogne frappassent les hérétiques de leurs états ; c'étaient la prison et la confiscation : « Si ces hérétiques viennent à être pris, dit un « canon, que les princes catholiques les mettent en prison et les « punissent par la perte de tous leurs biens[2]. »

Ces conciles furent assez peu obéis. En 1147, saint Bernard, visitant Périgueux, réussit à faire édicter une sorte de statut municipal qui privait les hérétiques et leurs fauteurs de certains droits, notamment de ceux de témoigner et d'ester en justice ; quelques seigneurs du pays s'engagèrent à chasser les hérétiques de leurs terres[3]. A Lombers, en 1165, quand eut lieu le colloque de religion dont j'ai parlé un peu plus haut, les petits seigneurs de l'endroit s'engagèrent également à ne plus « maintenir » les hérétiques, s'ils étaient condamnés par l'église : et l'évêque qui prononça la sentence de condamnation à la fin de l'assemblée ne manqua pas de rappeler cet engagement[4]. Ce fut tout ce que l'église obtint au commencement.

Un pas plus décisif fut fait en 1178. Une mission ecclésiastique, composée de plusieurs évêques et de l'abbé de Clairvaux, vint à

alibi commorantur manuteneat vel defendat, nec aliquis eis in terra sua receptaculum praebeat. Si quis autem vel eos de caetero retinere vel ad alias partes proficiscentes eorum errori consentiens recipere forte praesumpserit, quo iratus Deus animas percutit anathemate feriatur, et in terris eorum, donec condigne satisfaciant, divina celebrari officia interdicimus. » (Labbe, t. X, col. 1114.)

1. Labbe, t. X, col. 1410.

2. Concile de Tours, 1163, c. 4 : « Illi vero si deprehensi fuerint, per catholicos principes custodiae mancipati omnium bonorum amissione mulctentur. » (Labbe, t. X, col. 1419 ; reproduit dans *Rec. des hist. de Fr.*, t. XIV, p. 431.)

3. Vitae S. Bernardi, l. VI, epist. Gaufridi, 4 : « De militibus promisere nonnulli quod deinceps expellerent et non manutenerent eos. Si qui vero cupidi fuerint et aliter voluerint agere, haereticorum munera diligentes, data est sententia in haereticos et in fautores eorum atque in omnes qui manutenuerunt eos, ut neque in testimonio neque in judicio suscipiantur, nemo communicet in convivio neque in commercio. » (*S. Bernardi ... opera*, sec. curis D. J. Mabillon, 1690, in-fol., t. II, col. 1193.)

4. « Et commoneo milites de Lumbers quatenus non manuteneant eos, per finitionem (*variante :* plivitionem) quam fecerunt in manu mea. » (*Rec. des hist. de Fr.*, t. XIV, p. 434.)

Toulouse. Ces ecclésiastiques, ayant fait comparaître par devant eux plusieurs habitants et les ayant trouvés hérétiques, réussirent à les faire mettre en prison et à faire confisquer leurs biens [1]. Ces rigueurs furent probablement fondées sur les prescriptions du concile de Tours de 1163. Les canons de ce concile sont sans doute la première loi qui ait édicté des peines contre l'hérésie dans la France méridionale, et les condamnations de 1178 à Toulouse paraissent être la première application qui en fut faite. Au reste, cette application ne fut que passagère. Les condamnés eux-mêmes obtinrent la remise de leur peine en se soumettant à certaines pénitences humiliantes, et bientôt les prélats repartirent, ne laissant à Toulouse que le souvenir irritant de leurs rigueurs. Après leur départ, les hérétiques de la ville retrouvèrent la liberté et la tranquillité dont ils avaient toujours joui [2].

L'église ne se bornait pas, d'ailleurs, aux mesures générales ; elle saisissait avec empressement les occasions particulières qui pouvaient se présenter pour agir en tel ou tel endroit. Ainsi en

1. Benoît de Peterborough (édition des *Rerum Britannicarum medii aevi scriptores*), t. I, p. 200, 218 et suiv.

2. Il me paraît impossible d'accepter une assertion contenue dans une lettre écrite en 1211 par la municipalité de Toulouse au roi Pierre d'Aragon. Suivant cette lettre, le comte Raymond V (1148-1194) aurait édicté, d'accord avec le peuple de Toulouse, une loi qui établissait la peine du feu contre les hérétiques, et cette loi aurait été constamment appliquée depuis le temps de Raymond V jusqu'à la date de la lettre : « scientes preterito processu longi temporis dominum comitem patrem moderni comitis ab universo Tolose populo accepisse in mandatis, instrumento inde composito, quod si quis hereticus inventus esset in Tolosana urbe vel suburbio, cum receptatore suo pariter ad supplicium traderetur, publicatis possessionibus utriusque ; unde multos combussimus, et adhuc cum invenimus idem facere non cessamus. » (Archives nationales, J. 428. 12; *Hist. génér. de Languedoc*, 1re éd., t. III, preuves, col. 232 ; Teulet, *Layettes*, t. I, p. 368.) Cela contredit tout ce qu'on sait de la tolérance accordée en général aux hérétiques du comté de Toulouse, et s'accorde mal avec les récits relatifs à la mission de 1178, où les peines prononcées furent la confiscation et la prison, non la mort. Cette lettre est écrite pendant la guerre des Albigeois, quand les vainqueurs avaient allumé partout les bûchers ; elle est adressée, par une ville qui tient à n'être pas suspecte d'hérésie, à un roi qui avait lui-même établi contre les hérétiques la peine du feu dans ses états, comme on le verra ci-après ; il ne serait donc pas étonnant que ceux qui l'ont écrite y eussent altéré, sciemment ou non, la vérité. Raymond V a pu, au moment du passage des prélats en 1178, rendre une ordonnance contre l'hérésie et y inscrire la peine de la confiscation, mais il faudrait un témoignage plus certain pour lui attribuer une loi plus sévère.

1194, la vicomté de Béziers étant échue à un héritier mineur, et le contrôle de l'administration du tuteur du jeune vicomte, Bertrand de Saissac, ayant été confié, par une clause testamentaire, à l'évêque de Béziers, celui-ci s'empressa de faire souscrire à Bertrand un engagement de chasser les hérétiques de la vicomté : « Je n'amènerai pas, » dit le tuteur dans un acte passé entre lui et l'évêque, « ni moi-même ni personne par mon conseil, d'héré- « tiques ou de vaudois dans ladite ville ni dans tout le diocèse ; « et s'il s'y en trouve, je les en chasserai de tout mon pouvoir, « et je te confère, à toi, évêque, en mon nom et au nom du « vicomte, droit et plein pouvoir de les en chasser[1]. »

Mais ces sortes de mesures ne produisaient que peu de résultats, et, en 1195, un concile de la province de Narbonne, assemblé à Montpellier sous la présidence d'un légat, jugea utile de décréter encore une fois l'expulsion des hérétiques. Les décisions de cette assemblée portent que les biens des hétérodoxes devront être confisqués, et les condamnés eux-mêmes réduits en servitude, c'est-à-dire, apparemment, mis en prison[2].

En Italie, des mesures analogues furent prises pour la première fois[3] en 1184. Cette année, l'empereur Frédéric Barberousse et le pape Lucius III se rencontrèrent à Vérone et s'y concertèrent sur les moyens de combattre les progrès de l'hérésie. Le pape et les évêques, assemblés en concile, publièrent un canon qui ordonnait à la puissance séculière de punir les hérétiques, sans fixer le châtiment[4] ; mais l'empereur, de son côté, édicta contre eux la peine du ban impérial[5]. M. Ficker a défini ce qu'il

1. « Nec haereticos vel Valdenses in praedicta villa vel episcopatu vel aliquis nostro consilio inducemus, et, si forte ibi fuerint, pro posse nostro illos inde ejiciemus, et tibi episcopo jus et liberam potestatem per me et vicecomitem eos expellendi concedo. » (*Histoire générale de Languedoc*, 1re éd., t. III, preuves, col. 177.)

2. Concile de Montpellier, décembre 1195 : « Rursus omnes haereticos ... sub anathemate posuit... Constituit ut bona hujusmodi pestilentium hominum publicentur et ipsi nihilominus servituti subdantur. » (Labbe, t. X, col. 1796.)

3. L'emprisonnement de l'hérétique Henri, à la suite de sa condamnation par le concile de Pise, en 1134, eut lieu sans doute en vertu de la juridiction disciplinaire de l'église sur ses membres (Henri était diacre) et n'implique pas l'action du bras séculier : *Gesta pontificum Cenom.*, dans *Rec. des hist. de Fr.*, t. XII, p. 554 c.

4. « Secularis relinquatur arbitrio potestatis puniendus. » — Sur ce concile, voy. Ficker, p. 187-188.

5. Continuatio Zwetlensis altera, 1184 : « Imperator invitatus in Italiam a

fallait entendre par la mise au ban, en Italie, à cette époque : cette peine très grave comprenait l'exil, la confiscation des biens, la démolition des maisons des condamnés, l'infamie, l'incapacité d'exercer des fonctions publiques, etc.[1].

C'est sans doute en vertu de cette ordonnance que furent prononcées et exécutées des condamnations civiles contre des hérétiques à Prato en 1194. Ces rigueurs nous sont connues par le rapport d'un prélat allemand, Henri, évêque de Worms, que l'empereur avait chargé d'une mission spéciale en qualité de légat impérial. S'étant rendu en personne à Prato, aux termes du rapport qu'il fit lui-même de sa mission, il fit confisquer les biens des cathares des deux sexes qui habitaient cette ville, et démolir leurs maisons[2].

Ainsi, au moment où se terminait le XIIe siècle, la période de tolérance légale avait cessé dans la région du midi, et la France méridionale comme l'Italie étaient pourvues de lois contre les hérétiques. Seulement ces lois étaient mal exécutées. Dans nos provinces méridionales, comme on l'a vu plus haut, les hérétiques vivaient en toute liberté. En Italie, les municipalités, entre les mains desquelles était presque tout le pouvoir effectif, se souciaient peu aussi de sévir contre les « patarins » ; pour appliquer dans une ville la loi qui les proscrivait, il fallait envoyer tout exprès dans cette ville un légat de l'empereur.

Le pontificat d'Innocent III, qui commença en 1198, marque une phase nouvelle dans l'histoire des mesures prises contre l'hérésie. Sans édicter des pénalités nouvelles, ce pape s'attacha surtout à faire exécuter les lois déjà portées, à stimuler le zèle des princes et des magistrats et à s'assurer leur concours pour la poursuite des hérétiques. Il réussit ainsi à faire passer dans les statuts municipaux d'un grand nombre de villes les lois qui punissaient l'hérésie du bannissement, de la confiscation, de l'exclusion des fonctions publiques, etc.[3].

Lucio Romano pontifice et Lombardis honeste suscipitur... ; ubi etiam ipse et pontifex Romanus hereticos diversarum sectarum ... persecuntur ; et papa eos excommunicavit, imperator vero tam res quam personas ipsorum imperiali banno subjecit. » (*Monumenta Germaniae*, Scr. t. IX, p. 542.)

1. Ficker, p. 184, 188.

2. « Venientes Pratum pro facto domini imperatoris, bona paterinorum et paterinarum ibi morantium fecimus publicari et domos eorum subverti et destrui. » (Lami, *Lezioni di antichità toscane*, 1766, in 4°, t. II, p. 523.)

3. L'un des moyens les plus efficaces par lesquels Innocent III combattit l'héré-

Les hérétiques de la France méridionale et de la Provence paraissent avoir les premiers attiré l'attention du nouveau pontife. Élu pape en janvier 1198 et consacré en février, dès le 1er avril de la même année il écrit à l'archevêque d'Auch pour l'inciter à poursuivre les hérétiques de sa province ; il lui mande que si les procédures ecclésiastiques ne suffisent pas à avoir raison des dissidents, il doit sans hésiter appeler à son aide le bras séculier[1]. Le 18 avril, il envoie un légat en Provence et adresse des instructions à l'archevêque d'Aix : « Nous ordonnons, dit-il, « aux princes, comtes, barons et seigneurs de votre province de « faire confisquer les biens des hérétiques que le légat aura « excommuniés, et de les chasser de leurs terres : et si les bannis s'obstinent à y demeurer, que les seigneurs les punissent « de quelque châtiment plus grave[2]. » Même disposition dans les lettres données, le mois suivant, à un autre légat : que les évêques excommunient les hérétiques, et que les autorités laïques les bannissent et confisquent leurs biens[3]. En 1204, le pape reproche à l'évêque de Narbonne de n'avoir pas voulu insister auprès du

sie fut la croisade qu'il provoqua contre les Albigeois ; mais, comme cette croisade est un fait de l'histoire politique, et que je traite ici un point d'histoire du droit, je n'aurai à en parler qu'incidemment, à propos de quelques-unes de ses conséquences.

1. Inn. III epp., I, 81, à l'archevêque d'Auch, 1er avril 1198 : « Ideoque fraternitati tuae praesenti pagina indulgemus, per apostolica scripta firmiter injungentes, quatenus ad extirpandas haereses universas et eos qui sunt hac faece polluti de provinciae tuae finibus excludendos modis quibus poteris operam tribuas efficacem, in ipsos et omnes illos qui cum eis aliquando commercium aut manifestae suspicionis familiaritatem contraxerint sublato appellationis obstaculo ecclesiasticam districtionis exercendo rigorem, *et etiam si necesse fuerit per principes et populum eosdem facias virtute materialis gladii coerceri.* »

2. Inn. III epp., I, 94, à l'archevêque d'Aix, 21 avril 1198 : « Nobilibus viris principibus, comitibus et universis baronibus et magnatibus in vestra provincia constitutis praecipiendo mandamus et in remissionem injungimus peccatorum ut ... postquam per dictum fratrem Rainerium fuerint excommunicationis sententia innodati, eorum bona confiscent et de terra sua proscribant ; et, si post interdictum ejus in terra ipsorum praesumpserint commorari, gravius animadvertant in eos, sicut decet principes christianos. »

3. Inn. III epp., I, 165, pour le légat Gui, 13 mai 1198 : « Mandamus ut vos fratres archiepiscopi et episcopi, cum a dicto fratre Guidone fueritis requisiti, in haereticos quos ipse vobis nominaverit spiritualem gladium exeratis : laici vero bona eorum confiscent et eos ejiciant de terra sua et eorum paleas separent a frumento. »

comte de Toulouse pour le décider à sévir contre les hérétiques[1]; il mande à ses légats de faire tous leurs efforts pour que les seigneurs de tout ordre prononcent la confiscation des biens des hérétiques et leur interdisent à tout jamais le séjour de leur territoire[2] ; il adresse à plusieurs reprises la même demande au roi de France[3]. Ces efforts restèrent d'abord à peu près sans succès. A Toulouse, en 1205, quelques rigueurs paraissent avoir été exercées contre les hérétiques ; on fit le procès à des morts et on exhuma leurs cadavres ; la municipalité prit aussitôt des mesures pour mettre des bornes à cette persécution[4]. Ce n'est guère que quand la grande croisade contre les Albigeois fut commencée, et surtout quand le Languedoc fut en partie occupé par l'armée des croisés, que les légats du pape obtinrent de plusieurs municipalités du midi des actes de soumission véritable aux ordres venus de Rome. Le 1er août 1209, les consuls de Montpellier jurèrent au légat Milon de poursuivre « selon les lois » tous les hérétiques qui leur seraient dénoncés par les autorités ecclésiastiques ou qu'ils découvriraient eux-mêmes ; ils ajoutèrent que ce serment devrait être renouvelé chaque année à l'avenir par les nouveaux consuls à leur entrée en charge, et que si jamais quelque consul refusait de le prêter, son autorité ne serait pas reconnue[5]. En effet, nous

1. Epp., VI, 243, 29 janvier 1204.

2. Inn. III epp., VII, 76, 31 mai 1204 : « Satanae in interitum carnis traditas nuncietis et expositas personas eorum exilio et judicio seculari, et bona confiscationi subjecta ; ad confiscationem bonorum ipsorum et proscriptionem perpetuam personarum tam ... Ph. regem Francorum et L. natum ipsius quam comites, vicecomites et barones in ipsis partibus constitutos ad id ex parte nostra propensius commonentes, et injungentes eis in remissionem omnium peccatorum. »

3. Epp., VII, 212, etc.

4. Statut inédit de Toulouse, 10 mars 1205 : « Item consules Tholose urbis et suburbii, cum communi consilio ejusdem urbis et suburbii, fecerunt stabilimentum tale, quod aliquis vel aliqua non possit accusari post mortem de heresi, nisi in vita accusatus esset, aut [in] infirmitate positus dedisset seipsum vel seipsam hereticis, aut nisi moreretur in manibus ereticorum. » Je dois la connaissance de ce texte à M. Auguste Molinier, qui m'apprend qu'il va paraître dans le tome VIII de la nouvelle édition de l'*Histoire générale de Languedoc*, colonnes 514 et 515.

5. « Haec est forma juramenti consulum Montispessulani... Item, si episcopus vel capitulum Magalonense vel alia persona ecclesiastica nobis aliquos haereticos nominaverit in episcopatu nostro vel credentes, vel per nos ipsos potuerimus haeresim praedicare cognoscere vel facere conventicula, ipsos persequemur secundum legitimas sanctiones et eorum bona omnia pro posse nostro infiscabimus... — Haec autem singulis annis successores nostros faciemus jurare.

savons par un autre témoignage que des hérétiques vaudois furent bannis de Montpellier dans les premières années du XIIIe siècle[1]. Dans la même année 1209, à Narbonne, l'archevêque Bérenger et le vicomte Aimeri firent ensemble une ordonnance qui établissait diverses peines contre les hérétiques : ils étaient privés du droit d'ester en justice, mis au ban de la société et comme hors la loi ; toute personne pouvait impunément leur prendre tout ce qu'ils portaient sur eux[2]. A Carcassonne, vers cette époque aussi sans doute, on rédigea des coutumes municipales, que l'on copia sur le texte des coutumes de Montpellier de 1204 (ci-dessus, p. 35), en ajoutant à plusieurs articles des dispositions contre les hérétiques. Ainsi, là où le texte de Montpellier disait : « Toute per« sonne, quelle qu'elle soit et d'où qu'elle vienne, peut s'établir « à Montpellier... », celui de Carcassonne porte : « Tout catho« lique, d'où qu'il vienne, peut s'établir à Carcassonne[3]... » Un article ajouté à la coutume porte expressément : « Nul hérétique « ne peut demeurer ni être reçu sur le territoire et dans la juri« diction du seigneur de Carcassonne[4] » ; la sanction de cette disposition n'est pas indiquée. La peine des hérétiques ne semble pas avoir été bien fixée dans l'esprit même des rédacteurs de la coutume ; il paraît seulement que ce n'était pas la mort, ni même,

Si quis autem jurare noluerit, ipsum tamquam haereticum habebimus manifestum, nec ejus judicium seu auctoritas vigorem in aliquo sortietur. » (D'Achery, *Spicilegium*, 1723, in-fol., t. I, p. 706-707.)

1. Caes. Heisterb., dist. V, c. 20 : « Video inter vos », dit l'évêque de Metz Bertrand, « duos ministros Diaboli ; ecce illi sunt, digito eos ostendens, qui me praesente in Monte Pessulano propter haereses damnati sunt et ejecti. » D'après deux autres témoignages (ci-dessus, p. 28, note 2) on pourrait être tenté de placer ce fait à l'an 1200 ; mais cela n'est pas nécessaire, car Césaire de Heisterbach ajoute (ci-dessus, ibid.) que l'hérésie vaudoise se maintint à Metz jusqu'au temps où il écrivait lui-même (1220-1222). Or, la ville de Montpellier ne paraît pas avoir adopté de mesures de rigueur avant 1209 (ci-dessus, p. 35-36). Comme d'autre part l'épiscopat de Bertrand à Metz prit fin en 1212, il semble donc que tout ce récit doit être placé entre 1209 et 1212.

2. Catel, *Mémoires de l'histoire du Languedoc*, 1633, in-fol., p. 791.

3. Art. 31, texte de Montpellier : « Omnes et singuli quicunque, undecumque sint et fuerint, per pacem et per guerram, salvi et securi cum rebus suis possunt ad villam Montispessulani accedere et ibi morari. » Texte de Carcassonne : « Si quis catholicus undecumque fuerit ... voluerit venire in Carcassonam ..., salvus et securus sit... » (Giraud, *Essai sur l'hist. du droit français*, t. I, preuves, p. 56.)

4. Art. 120 : « Nullus hereticus in omni terra et posse domini Carcassone moretur nec consociatur. » (Giraud, *Essai*, I, pr., p. 71.)

probablement, une peine bien grave, à en juger par cette autre disposition : « Celui qui appellera un autre *hérétique* et qui ne « pourra prouver son dire sera puni de la peine dont l'autre aurait « été frappé si l'accusation avait été prouvée[1]. » — Mais cette législation n'eut pas le temps de se développer davantage dans le midi français. La même année, 1209, les croisés du nord, envahissant ces provinces, commencèrent à y introduire l'usage du nord et à brûler tous les hérétiques qu'ils trouvèrent. Leur victoire établit définitivement la peine du feu dans ces contrées (ci-après, chap. V). Les autres peines réclamées par Innocent III et adoptées par quelques villes durent donc tomber vite en oubli.

Mais, en même temps, l'église s'occupait de faire adopter les mêmes lois hors des limites de la France, dans le royaume d'Arles. En 1209, après la soumission de Montpellier et le serment prêté par ses consuls au légat Milon, un concile assemblé à Avignon, sous la présidence de deux légats, s'occupa d'obtenir une adhésion semblable des autorités civiles de la Provence. On arrêta que chaque évêque serait tenu de faire ses efforts auprès de tous ses diocésains pour les amener à prêter le serment de Montpellier, et que les récalcitrants devraient être contraints par la voie des censures ecclésiastiques ; on invita aussi les évêques à organiser des commissions d'enquête chargées de rechercher les hérétiques et de les dénoncer aux autorités, qui devraient les punir « selon « les lois et les canons », et notamment confisquer leurs biens[2]. Ces injonctions ne furent obéies que peu à peu et graduellement insérées dans les statuts des différentes villes. Dans des statuts d'Arles, rédigés en partie au moins dans les premières années du XIIIe siècle, on trouve prononcée contre les hérétiques, non ces peines rigoureuses, mais seulement l'exclusion des fonctions publiques[3]. Plus

1. Art. 22 : « Tamen qui vocaverit aliquem hereticum, si probare non potuerit, sit in pena quod ille fuerat, si probaret. » (Giraud, *Essai*, I pr. p. 53.)

2. « Decernimus quod quilibet episcopus cives suos, comites, castellanos, milites et alios parrochianos suos de quibus viderit expedire, per censuram ecclesiasticam, si opus fuerit, jurare compellat sicut illi de Montepessulano juraverunt, praecipue circa exterminandos haereticos... » Les inquisiteurs dénonceront les hérétiques « ipsi episcopo et consulibus civitatum et dominis locorum seu bajulis eorumdem ... ut eos puniant secundum canonicas et legitimas sanctiones, nihilominus bona ipsorum omnia confiscantes. » (D'Achery, *Spicilegium*, in-fol., p. 704, col. 1.)

3. Art. 126. « De heretico vel infamata persona. Item statuimus quod nullus suspectus vel infamatus de heresi possit esse in concilio vel in aliquo publico

tard, en 1236, les consuls d'Arles promettent à l'archevêque, en termes encore vagues, leur appui pour la poursuite des hérétiques[1]. Enfin, en 1243 seulement, le podestat s'engage expressément à bannir les hérétiques, et ratifie des ventes de biens confisqués sur eux[2]. Pour Marseille, nous avons des statuts dont la date première ne nous est pas connue ; ils nous sont parvenus dans une récension du XIVe ou du XVe siècle, mais ils remontent certainement plus haut : on y voit marquée pour les magistrats municipaux l'obligation de poursuivre les hérétiques dans leurs personnes et dans leurs biens[3]. Avignon résista longtemps à l'adoption de ces dispositions. Mais, après la prise de la ville par Louis VIII (1226), une sentence d'un cardinal légat, en 1227, enjoignit expressément aux Avignonnais de ne plus prêter aide et faveur aux hérétiques, de bannir les fauteurs de l'hérésie, de confisquer leurs biens et de démolir leurs maisons, enfin de faire jurer l'observation de ces règles à tous les magistrats municipaux à leur entrée en charge et avant tout exercice de leurs fonctions[4].

officio. » (Giraud, *Essai sur l'hist. du dr. fr.*, t. II, p. 229.)

1. Les consuls promettent « exterminare et punire ad mandatum vestrum et ecclesiae Waldenses, henricos (*corr.* hereticos), credentes eorumdem et fautores, receptatores, defensores, quibuscumque nominibus censeantur. » (Papon, *Histoire générale de Provence*, t. II, preuves, p. lxxviij.)

2. Le podestat promet à l'archevêque : « Hereticos, Valdenses, et alios contra fidem catholicam insultantes, quocumque nomine censeantur, et eorum credentes, receptatores, benefactores, consiliarios, defensores, ad mandatum vestrum et ecclesie Arelatensis fideliter exterminabo. Venditiones factas de bonis hereticorum a vobis et communi Arelatensi ratas atque firmas habebo. » (Papon, t. III, preuves, p. xij.)

3. Serment du viguier : « Item quod hereticos et Valdenses et omnes qui male secte fuerint persecutores fidei pro posse suo firmiter prosequetur infra terminos sue jurisdictionis modis omnibus quibus poterit ipse vel per alios bona fide » ; serment du « rector », à peu près dans les mêmes termes ; serment des juges : « Item quod hereticos, Valdenses et omnes alios persecutores fidei, quocumque nomine nuncupentur, persequantur prout melius poterunt bona fide, dando consilium et auxilium dicto vicario persequendi eos in personis et rebus viriliter et potenter » (Méry et Guindon, *Hist. analyt. et chronol. des actes et des délib. du corps et du conseil de la municipalité de Marseille*, 1841-1848, in-8°, t. II, p. 113, 133, 123 et 162). — On lit aussi ailleurs dans les statuts : « Constituimus ut nullus hereticus manifestus contra fidelem volentem vel invitum, aut Sarracenus vel Judeus contra christianum invito eo, scilicet fideli vel christiano, in testimonium admittantur » (Méry et Guindon, t. III, p. LIII).

4. « Item praecipimus quod non receptent haereticos et Valdenses sub quocumque nomine censeantur nec eis praestabunt de caetero consilium, auxilium

On trouve ce serment inséré dans les statuts municipaux d'Avignon, tels qu'ils nous sont connus par des récensions postérieures[1].

En Italie, le pape ne montra pas moins d'activité pour faire triompher le principe de la proscription des hérétiques. Le 15 juin 1198, dès la première année de son pontificat, Innocent III mande à l'archidiacre de Milan de faire jurer aux magistrats de toutes les villes de Lombardie qu'ils n'admettront plus les hérétiques à aucune charge municipale[2]. Le 5 janvier 1199, il invite l'évêque de Syracuse à poursuivre les hérétiques de son diocèse, à les excommunier et à faire confisquer leurs biens par « les princes »[3]. Le 25 mars 1199, il édicte une constitution générale, dans laquelle il résume et rappelle les pénalités qu'il veut voir infliger aux hérétiques et à leurs fauteurs : ils seront frappés d'infamie, ils ne seront ni électeurs ni éligibles aux charges publiques et aux conseils des cités, ils ne pourront ni témoigner devant les tribunaux, ni faire un testament, ni recueillir les successions qui leur seraient échues, ni ester en justice ; s'ils réussissent à se faire mettre en possession de quelque charge, tous les actes de leurs fonctions seront nuls. Enfin, tous leurs biens seront confisqués : dans les territoires soumis à notre pouvoir temporel, dit le pape, nous prononçons la confiscation de leurs biens ; dans les autres, nous

aut favorem ; et, si quis contra fecerit, domus ejus diruatur et confiscentur bona ipsius et banniatur de civitate, nec ulterius revertatur ad eandem sine Romanae ecclesiae licentia speciali ; et rectores sive consules vel alii qui praeerunt civitati, quocumque nomine censeantur, teneantur haec facere et servare, in ingressu suae potestatis et rectoriae sive consulatus praestito in publicum juramento, nec ante obediatur eis nisi primitus dictum praestiterint juramentum. » (Nouguier, *Histoire des évêques d'Avignon*, p. 76.)

1. Statuts de 1243, serment des consuls ou du podestat : « Item jurabunt quod non recipient in civitate ista vel districtu, vel recipi ab aliquo pacientur, hereticos vel Valdenses, quocunque nomine censeantur, nec eis prestabunt consilium, auxilium vel favorem, et, si quis contra fecerit, videlicet scienter recipiendo hereticum vel Valdensem postquam fuerit convictus et legitime condempnatus hereticus vel Valdensis, *domum ejus*, videlicet receptatoris vel fautoris, facient dirui et bona ejus facient publicari, ymo ipsum receptatorem vel fautorem exterminabunt et exterminare curabunt et ipsum banniri de civitate. » (R. de Maulde, dans la *Nouvelle Revue historique de droit*, t. I, 1877, p. 333.)

2. Inn. III epp., II, 298.

3. Inn. III epp., I, 509, à l'évêque de Syracuse, 5 janvier 1199 : « Mandamus atque praecipimus quatenus ob timorem Domini et reverentiam apostolicae sedis contra haereticos tanquam fidei christianae zelator assurgas ..., ipsos, fautores, defensores et receptatores eorum ... excommunicatos publice nuntiari facias, et bona eorum a principibus publicari. »

enjoignons aux pouvoirs et aux princes séculiers d'en faire autant, et nous voulons que, s'ils négligent ce devoir, ils y soient forcés par la voie des censures ecclésiastiques [1]. Innocent III attacha sans doute une grande importance à cette constitution et dut la faire publier dans divers pays. Il nous en est parvenu deux textes, l'un adressé aux magistrats et au peuple de Viterbe [2], l'autre au roi de Hongrie [3]. D'autre part, le pape écrit lettres sur lettres aux villes italiennes pour les sommer d'observer ces prescriptions [4]; parfois il se rend lui-même sur les lieux pour agir personnellement [5]. Certaines villes lui opposèrent une vive résistance, même dans ses propres états. A Orvieto, les hérétiques et les catholiques formaient deux factions si animées l'une contre l'autre que, dans un moment d'anarchie, on vit dans cette ville d'Italie des rigueurs dont les régions du nord avaient encore alors habituellement le privilège : l'évêque y fit pendre, décapiter et brûler des hérétiques [6]. Ce ne fut qu'un moment de désordre ; quelques mois

1. Inn. III epp., II, 1 : « De communi ergo fratrum nostrorum consilio, assensu quoque archiepiscoporum et episcoporum apud sedem apostolicam existentium, districtius inhibemus ne quis haereticos receptare quomodolibet vel defendere aut ipsis favere vel credere quoquomodo praesumat ; praesenti decreto firmiter statuentes ut si quis aliquid horum facere forte praesumpserit, nisi primo secundove commonitus a sua super hoc curaverit praesumptione cessare, ipso jure sit factus infamis, nec ad publica officia vel consilia civitatum nec ad eligendos aliquos ad hujusmodi nec ad testimonium admittatur. Sit etiam intestabilis nec ad hereditatis successionem accedat. Nullus praeterea ipsi cogatur super quocunque negotio respondere. Quod si forsan judex extiterit, ejus sententia nullam obtineat firmitatem, nec causae aliquae ad ejus audientiam perferantur. Si fuerit advocatus, ejus patrocinium nullatenus admittatur. Si tabellio, instrumenta confecta per ipsum nullius penitus sint momenti, sed cum auctore damnato damnentur. In similibus etiam idem praecipimus observari... In terris vero temporali nostrae jurisdictioni subjectis, bona eorum statuimus publicari ; et in aliis idem fieri praecipimus per potestates et principes seculares, quos ad id exequendum, si forte negligentes extiterint, per censuram ecclesiasticam appellatione postposita compelli volumus et mandamus... »

2. Inn. III epp., II, 1, 25 mars 1199.

3. Inn. III epp., III, 3, 11 octobre 1200; Fejér, *Codex dipl. Hungariae*, t. II, p. 378. Les ordres du pape furent obéis en Hongrie : voy. Inn. III epp., V, 110, et *Thomae archidiaconi Hist. Salonitana*, dans Schwandtner, *Scriptores rerum Hungaricarum*, 1746, in-fol., t. III, p. 568.

4. A Viterbe, epp., VIII, 85, et VIII, 105 ; à Faenza, epp., IX, 18, et IX, 204, etc.

5. Ainsi à Viterbe en 1207 : *Gesta Innocentii pp. III*, c. 123.

6. Vita S. Petri Parentii, 2 : « Videns autem episcopus [Ricardus Urbevetanus] se per illorum simulatam religionem esse delusum, canonicorum suorum,

après, un podestat nommé tout exprès par le pape arrivait à Orvieto et reprenait plus régulièrement les poursuites contre les hérétiques ; les peines qu'il édicta furent la prison, le fouet, l'exil, les amendes, la confiscation et la démolition des maisons[1]. A Viterbe, en 1205, des sectateurs des hérétiques furent élus, malgré les injonctions pontificales, à des charges municipales ; plusieurs sommations adressées aux magistrats et au peuple de la ville étant restées sans effet, Innocent III se rendit lui-même à Viterbe (1207) et eut raison des résistances : les maisons des hérétiques furent démolies, les consuls et le podestat jurèrent d'obéir aux ordres du pape[2]. Une nouvelle constitution, du 23 septembre 1207, régla définitivement, pour le patrimoine de saint Pierre, le détail des peines à infliger aux hérétiques, prescrivit la démolition des maisons et fixa l'emploi des biens confisqués[3]. Hors du patrimoine aussi, les cités se soumirent les unes après les autres. Dès 1206, Prato et Florence avaient banni les hérétiques de leur territoire et exclu des fonctions publiques les

judicum et aliorum prudentum consilio habito, ex adverso ascendens et se murum opponens pro Christi ecclesia defendenda, in tantum est haereticos persecutus ut alii poenam suspendii sustinerent, alii capite punirentur, alii traderentur flammis ultricibus comburendi, alii majorem capitis diminutionem perpessi extra civitatem poenam perpetui exilii deplorarent, alii, vitam suam male in suo finientes errore, foetidam extra ecclesiae coemiterium acciperent sepulturam. » (*Acta sanctorum*, mai, t. V, p. 86.)

1. Vita S. Petri Parentii, 6 : « Plurimorum habito consilio sapientum in publica statuit concione ut si quis infra diem statutum ad Ecclesiam ... remearet..., veniam et gratiam mereretur ; qui autem redire ante praefixum diem contemneret, poenam exciperet legibus et canonibus constitutam... Alios alligavit ferreis nexibus compeditos, alios censuit publicis verberibus flagellandos, alios extra civitatem coegit miserabiliter exulare, alios poena mulctavit pecuniae..., ab aliis accepit pignora copiose, domus etiam fecit dirui plurimorum. » (*Acta sanctorum*, mai, t. V, p. 87.) Ces faits se passent entre les mois de février et de mai 1199.

2. Epp., VIII, 85 et 105 ; *Gesta Inn.*, 123.

3. Inn. III epp., X, 130 : « Ad eliminandam omnino de patrimonio beati Petri haereticorum spurcitiam, servanda in perpetuum lege sancimus ut quicunque haereticus, et maxime patarenus, in eo fuerit inventus, protinus capiatur et tradatur seculari curiae puniendus secundum legitimas sanctiones. Bona vero ipsius omnia publicentur ; ita ut de ipsis unam partem percipiat qui ceperit illum, alteram curia quae ipsum punierit, tertia vero deputetur ad constructionem murorum illius terrae ubi fuerit interceptus. Domus autem in qua haereticus fuerit receptatus funditus destruatur nec quisquam eam reaedificare praesumat, sed fiat sordium receptaculum, quae fuit latibulum perfidorum. »

citoyens suspects d'hérésie[1]; le pape invitait les habitants de Faenza à imiter l'exemple donné par les Florentins et à adopter à leur tour le même statut[2]. En mars 1209, Innocent III s'assurait pour son œuvre le concours du roi des Romains Otton IV (qui fut couronné empereur le 4 octobre de la même année) : il se fit promettre par Otton « aide et secours efficace pour l'extirpa- « tion de l'erreur hérétique[3] ». Dès l'année suivante, en effet, l'empereur, se trouvant à Ferrare, y proscrivit tous les hérétiques, fit confisquer leurs biens et démolir leurs maisons[4]. Il prit également des mesures pour faire chasser ceux qui se trouvaient dans le diocèse de Turin[5]. Ailleurs ce fut l'influence du clergé local qui réussit à amener des changements dans la législation municipale. Ainsi un archevêque de Milan, Henri (1213-1230), fit insérer dans les statuts de Milan une clause pour la proscription des hérétiques, et mettre dans le serment du podestat une promesse de les

1. Pour Prato, voy. Ficker, p. 184, qui n'indique pas sa source; pour Florence, voy. la note suivante.

2. Inn. III epp., IX, 204, aux podestat, consuls et conseil de Faenza, 12 décembre 1206 : « Cum igitur a dilectis filiis civibus Florentinis in exterminium hujusmodi perfidorum, sicut accepimus, quoddam sit editum provida pietate statutum, per quod intendunt a civitate sua haereticae pravitatis eliminare spurcitiam... Eapropter universitatem vestram monemus attentius et hortamur ... mandantes quatenus, statutum ipsum ... unanimiter assumentes..., quoslibet pravitatis haereticae sectatores ... satagatis a civitate vestra depellere... » Comparez Epp., IX, 18, 10 mars 1206.

3. Promesse d'Otton IV au pape, 22 mars 1209 : « Super eradicando autem haereticae pravitatis errore auxilium dabimus et operam efficacem. » (*Mon. Germ.*, L. t. II, p. 217, l. 8.) Cette promesse fut renouvelée dans les mêmes termes par Frédéric II le 12 juillet 1213 (*ibid.*, p. 224, l. 31) et en septembre 1219 (*ibid.*, p. 231, l. 41).

4. Muratori, *Antiquit. Ital.*, t. V, p. 89 ; Ficker, p. 183. Suivant une chronique de Klosterneuburg en Autriche, Otton aurait fait mettre à mort des hérétiques en Italie; mais il est probable que le chroniqueur étranger aura été mal informé sur ce point; il aura attribué témérairement aux Italiens une pratique qu'il avait vue en usage dans son pays. Voici le passage en question : « Otto de Prunswich, Heinrici ducis Bawarie quondam expulsi filius, in regem eligitur et ipse per Italiam cum expeditione, pacifica securitate, Romam usque profectus, ab Innocentio papa promotus, imperator efficitur. Otto prosperis successibus mirabiliter elatus adversus Fridericum regem Sicilie Apuliam ingreditur. Pestilens heresis paterinorum cum plurimos christiani nominis serpendo corrumperet auctore Deo prodita est et variis tormentis multi eorum necati sunt. » (*Monumenta Germaniae*, Scr. t. IX, p. 621.)

5. Ficker, p. 183.

chasser de la ville et de les dépouiller de leurs biens[1]. Enfin, pour beaucoup d'autres villes, la date précise où elles inscrivirent dans leurs statuts des clauses contre les hérétiques ne peut être déterminée. Vérone le fit avant 1218[2] ; dans d'autres villes on trouve plus tard ces clauses insérées aux statuts, sans savoir à quelle époque elles remontent.

Avant la fin de son pontificat, Innocent III provoqua encore une décision importante. Le quatrième concile de Latran, assemblé par son ordre, en 1215, transforma en canons de l'église universelle les règles établies par les conciles français et par le pontife romain[3] : il décréta, à son tour, la confiscation des biens des hérétiques et de leurs fauteurs, et les déclara infâmes, incapables de témoigner, d'ester en justice, d'exercer des fonctions publiques, etc., etc. Il ordonna aussi de dépouiller de leurs états les princes qui négligeraient d'en chasser les hérétiques. On sait l'application mémorable qui fut faite de ce dernier principe au comte de Toulouse. C'est aussi pour obéir au concile de Latran qu'on inséra dans le formulaire du couronnement des rois de France, à partir de Louis IX, un serment par lequel le roi jurait d'exterminer — c'est-à-dire d'expulser — les hérétiques de son royaume[4].

Les mêmes peines furent édictées, pour tout l'empire, par une constitution de Frédéric II, le 22 novembre 1220 ; elle condamne les hérétiques de toute espèce au ban, à l'infamie et à la confiscation des biens ; elle veut que les magistrats municipaux de toutes les villes jurent, à leur entrée en charge, de s'employer à proscrire les hérétiques, et elles déclarent nuls les pouvoirs de tout fonctionnaire entaché d'hérésie, selon les termes de la constitution pontificale du 25 mars 1199[5].

1. Aubri de Trois-Fontaines, 1231 : « Occasione archiepiscopi Mediolanensis Henrici ... hoc anno mortui ... dicimus hic et tangimus que tangenda sunt. Primo quod instituit de hereticis, ut addantur singulis annis institutiones de dampnatione hereticorum, et ut nullus instituatur potestas civitatis nisi primo juret repulsionem et devastationem hereticorum tam in ipsis quam in eorum fautoribus. » (*Monumenta Germaniae*, Scr. t. XXIII, p. 928.)

2. Ficker, p. 185.

3. Labbe, *Sacrosancta concilia*, t. XI, col. 148-150.

4. Godefroy, *le Ceremonial françois*, t. I, p. 27.

5. Constitution de Frédéric II, 22 nov. 1220, c. 5 : « Chataros, paterenos, Leonistas, Speronistas, Arnaldistas, circumcisos et omnes hereticos utriusque sexus quocumque nomine censeantur perpetua dampnamus infamia, diffidamus atque

Le concile de 1215 et la constitution de 1220 déterminèrent la soumission des villes d'Italie qui n'avaient encore voulu adopter aucune disposition contre les hérétiques. Ainsi Bergame, en 1221, inséra dans ses statuts les canons du concile et le texte de la constitution impériale; Mantoue, la même année, adopta des dispositions visiblement calquées sur celles de la constitution de 1220. A Brescia, en 1225, un commissaire du pape fit démolir les maisons de plusieurs sectateurs de l'hérésie, et en 1230 on inscrivit dans les statuts de cette ville un article qui prononçait le bannissement des hérétiques. En 1226, l'empereur mandait au podestat de Pavie de chasser les hérétiques de cette ville et de son territoire [1].

Vers le premier tiers du XIIIe siècle, c'était donc un principe de droit admis à peu près dans toute l'Italie que les hérétiques devaient être bannis, privés de tous droits civils et politiques, leurs maisons démolies et leurs biens confisqués [2].

En résumé : dans la région du midi, on cessa de sévir contre les hérétiques dès avant le milieu du XIe siècle ; on les toléra à peu près complètement pendant environ cent cinquante ans ; dans la seconde moitié du XIIe siècle, l'église posa en principe que l'hérésie était un crime passible de l'exil, de la confiscation des biens, etc. ; elle réussit graduellement à faire accepter ce prin-

bannimus, censentes ut bona talium confiscentur nec ad eos ulterius revertantur, ita quod filii ad successionem eorum pervenire non possint, cum longe sit gravius eternam quam temporalem offendere majestatem. » Voir aussi les articles suivants. (*Monumenta Germaniae*, Leg. t. II, p. 244.)

1. Ficker, p. 196, 199, 200, 430.

2. C'est une justice à rendre à Innocent III que, s'il a mis une grande opiniâtreté à poursuivre les hérétiques et à les faire proscrire partout, il n'a jamais réclamé contre eux l'application de la peine de mort. M. Ficker a bien mis ce point en lumière. Non seulement dans l'Italie, où résidait Innocent, cette peine n'était pas en usage et il ne songea pas à l'établir, mais même dans les pays du nord, où elle était habituellement appliquée, le pape semble n'en avoir pas voulu. C'est ainsi que dans une lettre adressée le 19 juin 1199 à un cardinal et à l'archevêque de Paris, pour leur donner commission d'enquérir sur un abbé de Nevers accusé d'hérésie, il leur ordonne, s'ils trouvent l'accusé coupable, de le mettre en prison : ignorant ou voulant ignorer qu'il n'y aurait eu qu'un mot à dire pour le faire brûler. Epp., II, 99 : « et quoniam metuendum est ne in laqueum desperationis incidens et ad perfidorum haereticorum ex toto conversus eorum praevaricationibus contaminet gregem intactum, retrudi eum in districto monasterio faciatis et ibi ad agendam poenitentiam sub arcta custodia detineri. »

cipe, tant dans la France méridionale que dans le royaume d'Arles et en Italie, durant les premières années du XIIIe siècle.

V.

ÉTABLISSEMENT DÉFINITIF DE LA PEINE DU FEU (XIIIe SIÈCLE).

Il résulte de ce qu'on vient de voir que, dans la première partie du XIIIe siècle, la manière de traiter les hérétiques était différente dans la région du nord et dans celle du midi. Au nord, il n'y avait pas de législation formelle contre eux, mais une pratique presque constante les condamnait au supplice du feu ; au midi, des lois positives, mais imparfaitement exécutées, prononçaient contre eux diverses peines inférieures à la mort, dont les principales étaient l'exil et la confiscation.

Nous allons voir, du commencement au milieu du XIIIe siècle, ces différences cesser. La peine la plus rigoureuse, celle de la mort par les flammes, passe dans la pratique du midi aussi bien que dans celle du nord ; et dans le nord comme dans le midi le fait d'hérésie devient un délit proprement dit, explicitement prévu et puni par les lois ou les coutumes.

1° *Catalogne et Aragon.* — Avant de parler de la France propre, il faut mettre à part une province qui appartenait, à la rigueur, au royaume de France, mais qui, soumise féodalement à un souverain du dehors, était presque un pays étranger, et qui même, sous le règne de Louis IX, cessa tout à fait de dépendre de notre pays. Il s'agit de la Catalogne, ou, comme on l'appelait officiellement, du comté de Barcelone, qui avait pour comte le roi d'Aragon. En cette contrée, ainsi que dans le royaume d'Aragon, la peine du feu contre les hérétiques fut mise en usage et inscrite dans la législation plus tôt qu'en aucun autre pays méridional. Pierre II, roi d'Aragon et comte de Barcelone, rendit en 1197 une ordonnance qui bannissait les hérétiques de tous ses états ; il leur était enjoint de quitter le territoire avant le dimanche de la Passion de l'année suivante (23 mars 1198). Passé ce délai, à la peine du bannissement succédait celle de la mort : tout hérétique trouvé dans le royaume ou dans le comté serait brûlé et ses biens confisqués, deux tiers pour le roi et un tiers pour le dénonciateur[1]. Ainsi l'Aragon et le comté de Barcelone ne connurent pas la période intermédiaire par laquelle passèrent les autres pays du midi à la fin du XIIe siècle et au commencement du XIIIe, celle pendant laquelle l'hérésie, cessant d'être tolérée, n'était encore punie que de peines inférieures à la mort. La période des exécutions par le feu y succéda immédiatement, autant qu'on peut en juger, à celle de la pleine tolérance[2]; ou, si l'on veut parler tout à fait à la rigueur, la période intermédiaire, du bannissement, n'y dura qu'un temps très court, peut-être un an, du jour de la promulgation de l'ordonnance de Pierre II, qui est d'une époque indéterminée de l'année 1197, au 23 mars 1198. Depuis ce dernier terme, la peine du feu régna sans partage; et nous avons en effet des témoignages qui attestent qu'elle fut appliquée[3].

2° *France, Jérusalem et Angleterre.* — Dans les provinces du midi de la France, ce furent les combattants de la croisade contre les Albigeois qui apportèrent du nord l'usage de brûler les hérétiques. La première exécution relatée par les

1. « ... Sacrosanctae Romanae ecclesiae canonibus obtemperantes, qui haereticos a consortio Dei et sanctae ecclesiae et catholicorum omnium exclusos ubique damnandos ac persequendos censuerunt, Valdenses ... et omnes alios haereticos... ab omni regno et potestativo nostro tamquam inimicos crucis Christi christianaeque fidei violatores et nostros etiam regnique nostri publicos hostes exire ac fugere districte et irremeabiliter praecipimus. Et sub eadem districtione vicariis, bajulis et merinis totius nostrae terrae ut ad exeundum eos compellant usque ad dominicam Passionis Domini mandamus. Et si post tempus praefixum aliqui in tota terra nostra eos invenerint, duabus partibus rerum suarum confiscatis, tertia sit inventoris; corpora eorum ignibus crementur. » (Marca, *Marca Hispanica,* col. 1384.) — Outre cette clause principale, il y a une clause accessoire qui vaut aussi d'être citée : « Sciendum etiam quod si qua persona nobilis aut ignobilis aliquem vel aliquos praedictorum nefandorum in aliqua parte regionum nostrarum invenerit, quodcumque malum, dedecus et gravamen, praeter mortem et membrorum detruncationem, intulerit, gratum et acceptum habebimus, et nullam inde poenam pertimescat quoquo modo incurrere, sed magis ac magis gratiam nostram se noverit promereri; et post bonorum spoliationem, dedecus et gravamen quod eis irrogaverint, teneantur tradere corpora vicariis aut bajulis nostris ad justitiam quam inde fieri mandavimus exequendam. » (*Ibid.*)

2. Voyez ci-dessus, p. 34, et la note 4 de cette page.

3. Caes. Heisterb., dans sa distinction V, écrite entre 1220 et 1222 (cf. dist. II, c. 11, et dist. X, c. 48), c. 19: « Sicut conjicio ex verbis cujusdam haeretici, qui ante hoc triennium a rege Hispaniae comprehensus est et combustus. »

chroniqueurs eut lieu en 1209, à Castres : Simon de Montfort ordonna de brûler deux hérétiques qu'on lui présenta[1]. En 1210, plus de cent quarante Albigeois furent ainsi brûlés à Minerve[2]; des centaines d'autres subirent le même sort, en 1211, à Lavaur[3] et aux Cassés (Aude)[4], ailleurs encore en 1214[5]. Le moine Pierre des Vaux-de-Cernay, en rapportant ces exécutions, ne manque pas de dire, presque à chaque fois, que les croisés brûlèrent les hérétiques « avec grande joie », *cum ingenti gaudio combusserunt*.

Ces exécutions faites par les hommes du nord se faisaient à la manière du nord, sans lois et sans règle. En 1209, l'un des deux hérétiques amenés devant le comte de Montfort à Castres déclara se convertir et demanda à être épargné : il y eut une contestation entre les croisés, qui ne savaient s'ils devaient faire droit à cette requête ; on finit par se décider à le brûler, mais il échappa[6]. Le mode même d'exécution n'était pas fixé ; certains hérétiques subirent des supplices autres que celui du feu. Ainsi après la prise de Lavaur, en 1211, on ne brûla que les roturiers, au nombre de plus de quatre cents. Le chef de la place, Aimerigat, seigneur de Montréal et de Laurac, et les chevaliers, au nombre de quatre-vingts, furent condamnés à être pendus ; mais, comme on reconnut que les gibets avaient été mal construits et qu'on craignait de perdre du temps, on en égorgea le plus grand nombre. La dame de Lavaur, Giraude, fut jetée dans un puits et enfouie vivante sous un monceau de pierres[7]. En 1219, l'auteur de la

1. Pierre des Vaux-de-Cernay, 22 : « Praesentati fuerunt duo haeretici ipso comiti : alter autem eorum perfectus erat in secta haereseos, alter vero illorum erat quasi novitius et discipulus alterius. Habito comes consilio, voluit ut ambo incenderentur. » (*Rec. des hist. de Fr.*, t. XIX, p. 24 E.)

2. P. des Vaux-de-Cernay, 37, *Rec. des hist.*, t. XIX, p. 32 D; Guill. de Nangis (qui dit 180 hérétiques brûlés), D'Achery, *Spicil.*, in-fol., t. III, p. 24, col. 1 ; *Chanson de la croisade*, vers 1081-1087.

3. P. des V.-de-C., 52, *Rec.*, XIX, p. 46 E; *Chanson*, v. 1551-1558, 1620-1627.

4. P. des V.-de-C., 53, *Rec.*, XIX, p. 47 DE ; *Chanson*, éd. Paul Meyer, t. I, p. 87-88 (note).

5. P. des V.-de-C., *Rec.*, XIX, p. 95 C.

6. Pierre des Vaux-de-Cernay, 22, *Rec. des hist.*, t. XIX, p. 24-25.

7. Pierre des Vaux-de-Cernay, 52 : « In festo Inventionis sanctae Crucis [3 mai] captum est castrum Vauri. Mox eductus est de castro Aimericus, de quo supra tetigimus, qui fuerat dominus Montis Regalis, et alii milites usque ad octoginta. Nobilis autem comes proposuit quod omnes patibulo suspenderentur : sed, cum Aimericus, qui erat major inter illos, suspensus fuisset, caden-

Chanson de la croisade représente l'évêque de Saintes sommant le fils du roi de livrer à Amaury de Montfort le comte Centule d'Astarac, défenseur de Marmande, « pour qu'il le brûle « *ou le pende* », et de lui livrer les habitants de la ville, « comme « hérétiques manifestes, qui ont mérité la mort *et le glaive* »[1].

Cependant la victoire des croisés était devenue définitive ; la persécution contre les hérétiques fut bientôt organisée et fonctionna régulièrement. La jurisprudence se fixa. Il devint de règle de brûler les hérétiques opiniâtres et d'emprisonner à perpétuité, d' « emmurer », ceux qui se convertissaient au dernier moment par crainte de la mort[2]. L'église et l'état confirmèrent bientôt cette jurisprudence.

Une ordonnance de Louis VIII, pour le midi du royaume, du mois d'avril 1226, peut être considérée comme la première loi française qui sanctionne la punition de l'hérésie par le supplice du feu. Ce supplice n'est pourtant pas nommé; mais il est désigné implicitement par une phrase vague en apparence : « les héré- « tiques », dit le roi, « seront punis du châtiment qui leur est dû. » Il est impossible de ne pas être convaincu que ces termes discrets désignent le bûcher. D'une part, en effet, l'usage alors dans toute la France était de brûler les hérétiques, et si le roi avait voulu rompre avec cet usage il l'aurait certainement dit en termes plus clairs. D'autre part, le roi, dans le même acte, fixe d'autres peines

tibus furcis quae prae nimia festinatione bene non fuerant terrae affixae, videns comes quod mora magna fieret, alios occidi praecipit : quos peregrini avidissime suscipientes occiderunt citius in eodem loco. Dominam etiam castri, quae erar soror Aimerici et haeretica pessima, in puteum projectam comes lapidibus obrui fecit. Innumerabiles etiam haereticos peregrini nostri cum ingenti gaudio combusserunt. » (*Rec. des hist. de Fr.*, t. XIX, p. 46 E. Cf. *Chanson de la croisade*, v. 1551-1558 et 1620-1627.)

1. Vers 9273-9277 :

> Que tu redas lo comte quez a tu s'es rendutz
> Al comte nAmaldric, car li es covengutz,
> Que l'arga o quel penda, e tu que l'en ajutz
> E lhivra li la vila per eretges saubutz
> Que là mortz e lo glazis lor es sobrevengutz.

2. C. Molinier, *De fratre Guilelmo Pelisso*, 1880, p. L et suiv., etc.; du même auteur, *l'Inquisition dans le midi de la France*, 1880, p. 427 et suivantes. A ces peines s'ajoutaient d'ailleurs habituellement la confiscation, la démolition des maisons, et, pour les morts, l'exhumation. Quant aux autres peines moins graves, croix, pèlerinages, etc., infligées aux hérétiques volontairement convertis, c'étaient plutôt des pénitences ecclésiastiques que des peines temporelles.

pour les simples fauteurs des hérétiques, non coupables d'hérésie eux-mêmes ; contre ceux-ci il prononce la confiscation des biens, l'interdiction des emplois, la privation de tous les droits civils. Ce sont les peines qui frappaient les hérétiques même dans le midi avant la croisade ; si maintenant elles sont réservées aux fauteurs, n'est-ce pas que pour les hérétiques le roi admet l'autre peine, plus terrible, que les derniers événements ont mise en usage ? — Louis IX, en avril 1228, renouvela l'ordonnance de son prédécesseur en y ajoutant quelques dispositions nouvelles ; dans une de ces additions, il mande à ses barons et à ses officiers d'être attentifs à se saisir de tous les hérétiques condamnés par l'église, et, sans s'arrêter à quelque considération que ce soit, *d'en faire, sans délai, ce qu'ils en doivent faire.* C'est encore, ce semble, un euphémisme pour dire de les brûler[1].

Cette interprétation se confirme, quand on lit les décisions du concile de Toulouse de 1229, qui établit l'inquisition et qui régla dans toute la province de Narbonne la procédure à suivre à l'égard des hérétiques. Là non plus le supplice n'est pas indiqué, car il ne convenait pas à une assemblée ecclésiastique de prononcer la peine de mort. C'est toujours la même formule, punir les hérétiques du châtiment qui leur est dû, *animadversione*

1. Lettres patentes de Louis VIII, avril 1226 : « Ludovicus Francorum rex universis baronibus, fidelibus suis, baillivis et bonis villis in Arelatensi et Narbonensi provinciis et Ruthenensi, Caturcensi, Agennensi, Albiensi diocesibus constitutis salutem. De magnorum et prudentum virorum consilio statuimus quod haeretici qui a catholica fide deviant, quocumque nomine censeantur, postquam fuerint de haeresi per episcopum loci vel per aliam personam ecclesiasticam quae potestatem habeat condemnati, indilate *animadversione debita* puniantur ; ordinantes et firmiter decernentes ne quis haereticos receptare vel defensare quomodolibet aut ipsos fovere praesumat, et, si quis contra praedicta praesumpserit facere, nec ad testimonium nec ad honorem aliquem de caetero admittatur, nec possit facere testamentum, nec successionem alicujus haereditatis habere ; bona ipsius mobilia et immobilia ipso facto [*suppl.* sint confiscata ?], ad ipsum vel ad ipsius posteritatem nullatenus reversura. » (*Ordonn. des roys de France*, t. XII, p. 319-320.) — Dispositions renouvelées par Louis IX, avril 1228, avec diverses additions, et notamment : « Statuimus et mandamus ut barones terre et bajuli nostri et subditi nostri presentes et futuri solliciti sint et intenti terram purgare hereticis et heretica feditate, et precipientes quod predictos diligenter investigare studeant et fideliter invenire, et, cum eos invenerint, presentent sine more dispendio personis ecclesiasticis superius memoratis, ut eis presentibus de errore heresis condempnatis, omni odio, prece et pretio, honore, gratia et honore (*sic ?*) postpositis, *de ipsis festinanter faciant quod debebunt.* » (*Ordonnances des roys de France*, t. I, p. 51.)

debita puniantur; mais, pour ne laisser aucun doute sur le châtiment qui est dû, un des articles suivants prévoit le cas où un condamné se convertirait au dernier moment « par crainte de la « mort ». Dans ce dernier cas seulement, les hérétiques repentis doivent être « enfermés dans un mur, pour y faire pénitence, de « manière qu'ils ne puissent plus corrompre personne; et l'évêque « pourvoira à leurs besoins aux frais de ceux à qui seront échus « leurs biens confisqués. » Les principales décisions de ce concile furent renouvelées par un autre concile en 1254, et étendues alors à toute la circonscription des provinces ecclésiastiques de Narbonne, de Bourges et de Bordeaux[1].

Ces deux conciles, comme les ordonnances de Louis VIII et de Louis IX, ne s'appliquaient qu'aux provinces méridionales du royaume. Dans le nord, d'où était venue la jurisprudence introduite dans le midi, cette jurisprudence ne put que se fixer, s'affermir davantage, et finit par passer en coutume. Dans les commencements du règne de Louis IX, les chroniques rapportent encore un grand nombre d'exécutions d'hérétiques, brûlés vifs, par ordre du roi ou des grands feudataires, dans les diverses parties de la France[2]. Il paraît aussi que l'usage de retenir en

1. Concile de Toulouse, « super pace conservanda in Tolosana dioecesi et provincia Narbonensi et earum adjacentibus dioecesibus et terris vicinis », en 1229 : « Haereticos, credentes, fautores et receptatores seu defensores eorum, adhibita cautela ne fugere possint, archiepiscopo vel episcopo, dominis locorum seu bajulis eorumdem cum omni festinantia studeant intimare, *ut animadversione debita puniantur*... Haeretici autem qui *timore mortis* vel aliqua quacumque causa, dummodo non sponte, redierint ad catholicam unitatem, ad agendam poenitentiam per episcopum loci in muro tali includantur cautela quod facultatem non habeant alios corrumpendi : quibus ab illis qui bona eorum tenuerint provideatur in necessariis secundum dispositionem praelati. » (D'Achery, *Spicilegium*, in-fol., t. I, p. 711. — Concile de 1254, pour les provinces de Narbonne, de Bourges et de Bordeaux, *ibid.*, p. 719 et suivantes.)

2. Philippe Mousket, vers 28877-28882, sur l'inquisiteur Robert : « Ardoir en fist assés en oire Droit a la Carité sor Loire, Par le comant de l'apostole, Qui li ot enjoint par estole, Et par la volenté dou roi De France, qui l'en fist otroi. » (*Rec. des hist. de Fr.*, t. XXII, p. 55 ; cf. ibid., v. 28896-28900.) — *Chron. S. Medardi Suess.*, 1236, dans D'Achery, *Spicil.*, in-folio, t. II, p. 491, col. 1 ; chroniques anonymes, *Rec. des hist.*, t. XXI, p. 166 H et note 8 ; Albr. Tr. Font., 1235, *Mon. Germ.*, Scr. XXIII, p. 937 ; ibid., p. 944-945 : « In anno isto [1239] ebdomada ante Pentecosten sexta feria [13 mai] factum est maximum holocaustum... in conbustione Bulgrorum, siquidem 183 Bulgri combusti sunt in presentia regis Navarre et baronum Campanie apud Mont Wimer [le Mont-Aimé, Marne, commune de Bergères-lès-Vertus] » ; Matth. Paris.,

prison les hérétiques convertis par la seule crainte de la mort s'était établi également dans la France du nord. On trouve dans les comptes du gouvernement, sous le règne de Louis IX, diverses mentions relatives à ces hérétiques emprisonnés et aux dépenses de leur entretien[1].

Enfin, dans la seconde moitié du siècle, paraissent divers livres où est exposé doctrinalement le droit coutumier de la France. Les auteurs de ces livres s'accordent à considérer l'usage maintenant si bien établi comme une coutume ayant force de loi. Ils déclarent tous que les hérétiques condamnés par l'église doivent être, par les soins de l'autorité temporelle, livrés au supplice, et leurs biens, ou tout au moins les meubles, confisqués.

Le *Livre de jostice et de plet*, écrit vers 1260, parle de mettre à mort l'hérétique, sans spécifier le supplice[2] :

Li rois par le consel de ses barons fist tel establissement : quant l'en ara soupecenos un home de bogrerie[3], li juges ordenaires deit requerre le roi ou sa jotice qu'i le prangne... Après, li esveques et li prelaz dou leu, c'est a entendre les persones d'iglise, devent fere l'inquisicion de la loi sor li et demander li de la foi. Et ce seit fet devant le commun de seinte Iglise. Et s'il est dampnez et por lor jugement..., li rois prent le cors et fet livrer a mort et toust li avoirs est siens sauf le doaire a la fame...

Mais le coutumier de Paris et d'Orléans auquel on a donné le nom d'*Établissements de saint Louis* indique expressément la peine du feu :

LXXXV. — *De pugnir mescreant et herite.* Se aucuns est souspeçonneux de bouguerie, la justice laie le doit prendre et envoyer a l'evesque, et se il en estoit prouvés l'en le doit ardoir et tuit li mueble sont au baron. En autele maniere doit on ouvrer d'ome herite...

CXXIII. — Et se il estoit souspeçonneus de la foy, la justice laie le devroit prendre adonques et envoier au juge ordinaire; car quand sainte Eglise ne puet plus fere elle doit appeler l'aide des chevaliers et la

Hist. major, 1238, éd. Luard, t. III, p. 520; *Ann. Erphord.*, 1239, *Mon. Germ.*, Scr. XVI, p. 33, etc.

1. A Saint-Pierre-le-Moutier (Nièvre) en 1234, *Rec. des hist. de Fr.*, t. XXII, p. 570 J; au Petit-Pont, à Paris, en 1248, *ibid.*, XXI, p. 262 E; à Sens et à Corbeil, la même année, *ibid.*, p. 274 D.

2. *Li Livres de jostice et de plet*, publ. par Rapetti, 1850, in-4° (*Collection de documents inédits sur l'histoire de France*), p. 12.

3. L'hérésie des Bulgares ou cathares, et par suite toute hérésie.

force... Et quand li juges l'auroit examiné, se il trouvoit que il feust bougres, si le devroit fere envoier a la justice laie, et la justice laie le doit faire ardoir[1].

Et de même Beaumanoir, dans ses *Coutumes de Beauvoisis :*

XI, 2. — Verités est que toutes accusations de foy, a savoir mon qui croit bien en le foy et qui non, la connissance en appartient a sainte Eglise ; car, porce que sainte Eglise est fontaine de foi et de creance, cil qui proprement sont estavli a garder le droit de sainte Eglise doivent avoir la connissance et savoir le foi de çascun ; si que, s'il a aucun lai qui mescroie en le foy, il soit radreciés a le vraie foi par l'ensegnement ; et s'il ne les veut croire, ançois se veut tenir en se malvese erreur, il soit justiciés comme bougres et ars. Mais en tel cas doit aidier le laie justice a sainte Eglise, car quant aucuns est condampnés comme bougres par l'examination de sainte Eglise, sainte Eglise le doit abandoner a le laie justice, et le justice laie le doit ardoir, porce que le justice espiritual ne doit nului metre a mort.

XXX, 11. — Qui erre contre le foi, comme en mescreance de le quele il ne veut venir a voie de verité..., il doit estre ars, et forfet tout le sien en le maniere dessus[2].

Ainsi, avant la fin du XIIIe siècle, l'hérésie est décidément devenue, dans la France du nord aussi bien que dans celle du midi, un crime légalement défini et prévu, puni de la mort par le feu et de la confiscation totale ou partielle des biens.

C'est probablement de France que cette législation a passé dans deux autres pays, où on la trouve inscrite dans les livres de droit vers la même époque : dans le royaume de Jérusalem et en Angleterre.

On lit dans les *Assises de Jérusalem*, livre des assises de la cour des bourgeois, chapitre CCLXXVIII :

Sachés que la lei et la raison coumande que tous les mauvais homes si deivent morir de laide mort, si come sont ciaus qui sont acoustumés de maufaire et de concentir les maus, si come sont les sodomites et les larrons *et les patalins*[3] et les traitors et tous les mauvais houmes et les mauvaises femes : tous ces deivent morir, et ne les deit laisser vivre en la seignorie par dreit despuis qu'il les counut... Mais nul home par sa auctorité ne deit ocire l'omecide ni le traitour *ni l'ereye* ni le larron,

1. *Ordonnances des roys de France*, t. I, p. 175, 211.
2. Beaumanoir, édition Beugnot, t. I, p. 157, 413.
3. C'est-à-dire les hérétiques *patarins* ou cathares.

mais le det presenter a la justise; et la justise est puis tenue de celuy juger et deffaire... Les jurés ne les doivent laisser vivre, ains tantost devent estre jugés à morir[1]...

Et en Angleterre le jurisconsulte Britton, vers 1291 ou 1292, écrit :

I, x. — Ausi soit enquis de ceux que felounousement en tens de pes eynt autri blez ou autri mesouns arses; et ceux qi de ceo serount atteyntz soint ars, issint qe eux soint puniz par meymes tele chose dunt il peccherent. Et meymes tiel jugement eynt sorciers et sorceresces et renyez et somodites *et mescreauntz apertement atteyntz*[2].

3° *Empire (haute Italie, Allemagne, royaume d'Arles), Rome et Sicile.* — L'introduction de fait et l'établissement légal de la peine du feu, pour le fait d'hérésie, en Italie et en Allemagne, font le sujet propre du mémoire de M. Ficker (ci-dessus, p. 2, note 1). Je me bornerai ici à exposer les faits qui résultent des recherches de ce savant. Les lecteurs qui désireraient plus de détails ou qui voudraient avoir la preuve des faits avancés et tous les renvois aux sources voudront bien se reporter au travail même de M. Ficker, publié dans les *Mittheilungen des Instituts für oesterreichische Geschichtsforschung*[3].

Si l'on fait abstraction des troubles suivis de rigueurs sanglantes qui eurent lieu à Orvieto dans les dernières années du XIIe siècle (ci-dessus, p. 47 et note 6), la première tentative faite en Italie pour infliger aux hérétiques la peine du feu date de l'année 1224. Un prélat allemand, Albert, archevêque de Magdebourg, était alors légat impérial en Italie et investi personnellement du comté de Romagne. Il voulut, dans son comté, traiter

1. *Assises de Jérusalem*, éd. Beugnot (*Recueil des historiens des croisades*, Lois), t. II, p. 210.

2. Britton, éd. Nichols, Oxford 1865, vol. I, p. 41-42; cf. ibid., p. 42, note z; Bracton, f. 124, t. II, p. 300, de la dernière édition (dans les *Rerum Britannicarum medii ævi scriptores*); *Myrror of justice*, I, IV, dans Houard, *Traité sur les coutumes anglo-normandes*, t. IV (1776), p. 493-494. — On a vu plus haut (p. 23) qu'au XIIe siècle les lois anglaises ne punissaient pas encore l'hérésie, et qu'en 1166, des hérétiques ayant paru en Angleterre, Henri II édicta contre eux seulement les peines de la marque, du fouet et du bannissement.

3. Le mémoire principal, publié dans le fascicule 2 des *Mittheilungen* (année 1880), p. 177 à 226, doit être complété par une note additionnelle que M. Ficker a fait paraître dans le fascicule suivant, p. 430-431.

les hérétiques comme on les traitait dans son pays. Il demanda pour cela l'autorisation de l'empereur, et il l'obtint : Frédéric II lui adressa une lettre qui portait que les hérétiques devraient à l'avenir être brûlés, ou, quand on jugerait par exception devoir leur montrer de l'indulgence, avoir la langue coupée[1]. L'empereur n'ajoutait pas qu'il n'établissait cette loi que pour le comté de Romagne, mais cela s'entendait; c'est au comte de Romagne qu'elle était adressée et il était chargé de l'exécution[2]; mais on verra tout à l'heure comment plus tard on s'empara de cette loi locale pour s'en prévaloir comme d'une loi de l'empire. Quoi qu'il en soit, en Romagne même il ne fut pas aisé de l'appliquer. En mars 1226, l'archevêque Albert profita du séjour de l'empereur dans une ville de son comté, à Rimini, pour tenter de mettre dans cette ville la nouvelle loi à exécution. Il chargea de ce soin le podestat de Rimini, qui était alors un Modénois, Inghiramo da Macreta. Celui-ci arrêta un certain nombre de femmes hérétiques et les livra à l'empereur « pour être brûlées » ; il prétendit, en outre, faire inscrire dans les statuts de la ville la lettre de l'empereur au comte de Romagne. Ces deux tentatives, à ce qu'il semble, échouèrent; et peu de temps après, sans doute quand l'empereur fut parti, le podestat échappa avec peine à une tentative d'assassinat que firent contre lui les parents des hérétiques arrêtées. Le pape intervint, en février 1227, pour faire obtenir à Inghiramo une réparation de l'affront qu'il avait subi; mais il semble qu'on ne songea plus à poursuivre l'exécution de la loi donnée par Frédéric II en 1224[3]. En fait, cette loi resta alors sans effet[4] et aurait été oubliée, si des circonstances nouvelles n'étaient venues un peu plus tard la revivifier et lui donner une portée qu'elle n'avait pas eue à l'origine.

En 1230 fut élu évêque de Brescia le frère Guala, prieur des Dominicains de la ville. C'était un homme actif et entreprenant; on le trouve mêlé à tous les faits de l'histoire politique de cette époque[5]. L'ordre auquel il appartenait avait été créé pour com-

1. Lettres de mars 1224, publiées par Raynald, *Annales ecclesiastici*, 1231, § 18; par Pertz, *Monumenta Germaniae*, Leg. t. II, p. 252; par Huillard-Bréholles, *Historia diplomatica Friderici II*, p. 421.

2. Ficker, p. 431.

3. Ficker, p. 430-431.

4. Ficker, p. 198.

5. Ficker, p. 200.

battre l'hérésie, et tous ses membres montraient une grande ardeur à la poursuivre. Un Dominicain devenu évêque devait combattre les hérétiques de son diocèse de toutes les armes qui seraient à sa disposition. Or Guala avait eu occasion de découvrir contre l'hérésie une arme qu'on ne soupçonnait pas. Envoyé à plusieurs reprises auprès de l'empereur, notamment en 1226[1], il avait apparemment entendu parler de la loi donnée par ce prince à la Romagne; peut-être même aura-t-il assisté à la tentative d'exécution essayée à Rimini en mars 1226. Il put remarquer la rédaction ambiguë de cette loi, qui, donnée seulement pour la Romagne, pouvait néanmoins avoir l'air d'être faite pour tout l'empire, au moins pour toute l'Italie impériale. Élu évêque de Brescia, il s'en procura une copie, la produisit, et obtint qu'elle fût inscrite dans le livre des statuts de la ville; on inséra en même temps dans le serment du podestat une clause qui en garantissait l'exécution[2]. Ceci se passait en 1230 ou tout au commencement de l'année 1231. Brescia est ainsi la première ville italienne qui ait mis dans ses lois que les hérétiques devraient être brûlés.

Rome suivit aussitôt cet exemple. Le pape, Grégoire IX, était en relations fréquentes avec l'évêque Guala[3]; il lui dut sans doute la connaissance de la constitution romagnole de 1224 et des nouveaux statuts de Brescia. La constitution fut inscrite, à la fin de l'année 1230 ou au commencement de 1231, sur le registre des lettres pontificales, où elle figure sous le n° 103 de la 4e année du pontificat de Grégoire IX[4]; puis le pape s'occupa de la faire mettre à exécution dans la ville de Rome. Il rendit une constitution, en février 1231 probablement, dans laquelle, en termes analogues à ceux du concile de Toulouse de 1229, il ordonnait que les hérétiques condamnés par l'église fussent livrés à la puissance séculière, pour être « punis du châtiment qui leur « est dû »; quant à ceux qui se convertiraient après leur condamnation, ils seraient enfermés dans une prison pour y faire pénitence et y demeureraient toute leur vie; le tout sans préjudice

1. Ficker, p. 200; Huillard-Bréholles, *Hist. dipl. Frid. II*, t. II, p. 644.

2. Ficker, p. 199; *Historiae patriae monumenta*, t. XVI, col. 1584[125]. C'est par conjecture que M. Ficker attribue à Guala le rôle principal en cette affaire; mais il rend cette conjecture très vraisemblable.

3. Ficker, p. 200.

4. Ficker, p. 207-208.

des autres peines habituelles de l'hérésie, telles que la confiscation et la perte des droits[1]. Un règlement municipal, promulgué en même temps par le sénateur de Rome, et que devaient jurer tous les sénateurs à l'avenir, prescrivit et fixa pour la ville l'application de ces dispositions; il déclare que l'exécution devra avoir lieu dans les huit jours de la condamnation, et il s'abstient également de spécifier la peine à appliquer, comme si cela s'entendait de soi[2]. Il est clair en effet que si la peine des condamnés repentants était la détention perpétuelle avec la privation de tous biens et de tous droits, la peine plus forte réservée aux condamnés opiniâtres, celle qu'on exécutait dans les huit jours, ne pouvait être que la mort; et le genre de mort à infliger était désigné par la constitution de l'empereur, qu'on venait tout exprès de transcrire sur les registres de la chancellerie du pape et que sans doute on publia en même temps dans la ville. En effet, aussitôt après la promulgation des deux ordonnances du pape et du sénateur, dans le même mois de février 1231, on arrêta et on exécuta des hérétiques dans Rome. Quelques-uns abjurèrent l'hérésie et furent envoyés en prison dans des monastères; les autres furent brûlés[3].

Ensuite, le pape voulut que la loi qu'il venait d'introduire à Rome fût établie également dans tous les pays. Il adressa à tous les archevêques de la chrétienté une copie de sa constitution et de l'ordonnance du sénateur de Rome, en leur mandant d'aviser à les faire adopter dans tous les pays de leurs provinces[4]; il y joignit, à ce qu'il semble, le texte de la constitution impériale de 1224, afin de faire bien comprendre à tous ce qu'il fallait entendre par le « châtiment mérité », *animadversio debita*, qu'il ordonnait d'infliger aux hérétiques[5].

1. Ficker, p. 203; Boehmer, *Acta imperii*, p. 665. La disposition principale est ainsi conçue : « Dampnati vero per ecclesiam seculari judicio relinquantur animadversione debita puniendi, clericis prius a suis ordinibus degradatis. Si qui autem de predictis, postquam fuerant deprehensi, redire voluerint ad agendam condignam penitentiam, in perpetuo carcere detrudantur. »

2. Ficker, p. 205; Boehmer, *ibid.* « Item hereticos... senator capere teneatur et captos etiam detinere, postquam fuerint per ecclesiam condempnati infra octo dies animadversione debita puniendos. »

3. Ryccardus de S. Germano, 1231 : « Eodem mense [février], nonnulli patarenorum in Urbe inventi sunt, quorum alii sunt igne cremati, cum inconvertibiles essent; alii donec peniteant sunt ad Casinensem ecclesiam et apud Cavas directi. » (*Monumenta Germaniae*, Scr. t. XIX, p. 363.)

4. Ficker, p. 204.

5. Ficker, p. 200.

Cependant l'empereur, dont une constitution détournée de sa portée véritable servait de prétexte à ces rigueurs, ne se prêta pas complètement d'abord à l'innovation qu'on tentait en son nom. Il n'avait pas d'objection de principe contre le supplice des hérétiques. Il l'avait lui-même autorisé en 1224 pour la Romagne. Il consentit à l'établir, en 1231 même, dans le royaume de Sicile[1]. En mars 1232, il accorda aux inquisiteurs d'Allemagne, pour leur faciliter l'exécution de leur mission, une constitution qui sanctionnait légalement, pour la première fois dans ce pays, l'usage de faire périr les hérétiques[2]. Mais, dans la partie de l'Italie qui dépendait de l'empire, il paraît avoir craint, en sanctionnant de pareilles rigueurs, de mettre aux mains du clergé une arme trop puissante, qui pourrait devenir dangereuse quand les dissensions entre la papauté et l'empire viendraient à se rallumer[3]. Aussi, à peu près en même temps qu'il rendait, pour l'Allemagne seulement[4], la constitution qui y sanctionnait le supplice des hérétiques, il publiait de nouveau, pour l'Italie, sa constitution de 1220, qui ne punissait les hérétiques que du bannissement, de la confiscation et de la privation des droits, conformément à la législation d'Innocent III[5].

Le résultat de cette résistance de l'empereur à la volonté du pape fut que les villes guelfes seules obéirent alors à la constitution de Grégoire IX. En 1233, un grand nombre de Dominicains et de frères mineurs se répandirent dans ces villes et y excitèrent la population contre les hérétiques[6]. A la suite de leurs prédications, les villes adoptèrent à l'envi des mesures de persécution.

1. Ficker, p. 202. La constitution sicilienne de Frédéric II est d'une date indéterminée de l'année 1231 ; elle ordonne que les hérétiques « vivi in conspectu populi comburantur flammarum commissi judicio ». On attribue au roi Roger, 1130-1154, une loi qui punissait les apostats de la confiscation et de la perte des droits : mais par apostats faut-il entendre les hérétiques (Ficker, p. 202)? — Il ne faut pas oublier que par le nom de royaume de Sicile, à cette époque, on entend tout ce qui s'est appelé plus tard le royaume des Deux-Siciles.

2. Ficker, p. 201, 204, 209 ; *Mon. Germ.*, Leg. t. II, p. 288. Cette constitution ne spécifie pas le supplice du feu, mais elle indique positivement la peine de mort pour les hérétiques opiniâtres et la prison perpétuelle pour les condamnés repentants.

3. Ficker, p. 221-222.

4. Ficker, p. 221.

5. Ficker, p. 220-221.

6. Ficker, p. 210.

Verceil, sous l'influence du frère mineur Henri de Milan, inscrivit dans ses statuts l'ordonnance du sénateur de Rome et la constitution impériale de 1224, en supprimant dans celle-ci la clause qui permettait de substituer au supplice du feu l'amputation de la langue[1]. A Milan, on inséra également dans les statuts municipaux l'ordonnance du sénateur et la constitution de Grégoire IX[2]. En même temps les supplices commencèrent. A Vérone, un seul inquisiteur, en juillet 1233, condamna et fit brûler soixante personnes, hommes et femmes[3]. A Milan, les premières exécutions par le feu eurent lieu aussi cette année. Cette nouveauté fut très remarquée; un chroniqueur de Milan la mentionne en ajoutant que c'est la première fois que les Milanais firent pareille chose[4]. Le podestat Oldrado di Tresseno, de Lodi, qui gouvernait alors Milan et qui présida aux exécutions, fit consigner le fait dans une inscription gravée au-dessous de sa statue et que tout le monde peut encore lire sur la façade du *palazzo della Ragione* à Milan :

Atria qui grandis solii regalia scandis,
Presidis hic memores Oldradi semper honores,
Civis Laudensis, fidei tutoris et ensis,
Qui solium struxit, catharos, ut debuit, uxit.

Quelques années plus tard, la politique de Frédéric II changea. Il crut que pour se soutenir dans sa lutte, tantôt ouverte, tantôt cachée, avec le saint siège, il lui importait de se montrer chrétien orthodoxe et catholique fervent. D'ailleurs c'était en vain qu'il avait essayé de résister au courant d'idées qui entraînait les villes d'Italie à sévir contre les hérétiques. Il jugea donc à propos de se laisser entraîner, lui aussi, par ce courant, et d'édicter définitivement pour tout l'empire la législation nouvelle. C'est ce qu'il fit par trois constitutions, du 14 mai 1238, du 26 juin 1238 et du 22 février 1239. Par la première et la dernière, il publia et promulgua à nouveau ses constitutions antérieures contre l'hérésie, celle de 1220 qui ne prononçait pas encore la peine de

1. Ficker, p. 208.
2. Ficker, p. 211.
3. Ficker, p. 210.
4. *Memoriae Mediolanenses*, 1233 : « Mediolanenses incipierunt comburere ereticos. » (*Monum. Germ.*, Scr. t. XVIII, p. 402.) L'exécution des hérétiques de Monforte, brûlés à Milan en 1034, était donc complètement oubliée.

mort, celle de 1232, pour l'Allemagne, qui prononçait la mort sans spécifier le supplice, celle de 1231, pour le royaume de Sicile, qui prescrivait en termes formels de brûler les hérétiques; toutes ces lois furent déclarées applicables à l'empire entier. La constitution du 26 juin 1238 fut une promulgation spéciale de ces mêmes textes pour le royaume d'Arles et de Vienne[1].

Ainsi, dans tout l'empire, Allemagne, haute Italie, Provence, aussi bien qu'à Rome et dans le royaume de Sicile, des lois positives condamnaient désormais au feu les hérétiques obstinés et à la prison perpétuelle ceux qui se décideraient à une conversion tardive au moment de l'exécution[2].

VI.

CONCLUSIONS.

I. — *Depuis la chute de l'Empire romain jusqu'à la fin du dixième siècle*, les hérétiques n'ont été justiciables que de la juridiction ecclésiastique et passibles que des peines ecclésiastiques.

II. — *Au onzième, au douzième et au commencement du treizième siècle*, il faut distinguer deux groupes géographiques :

1° Dans les pays de langue germanique et de langue d'oïl, les hérétiques, durant toute cette période, ont été généralement poursuivis et brûlés vifs, sans pourtant que ce supplice leur fût infligé en vertu d'une loi ou d'une coutume positive ;

2° Dans les pays de langue italienne et de langue d'oc : — (*a*) pendant le premier tiers du XIe siècle, les hérétiques ont été quelquefois persécutés et mis à mort ; — (*b*) ensuite et jusqu'aux

1. Ficker, p. 223.

2. Sur les difficultés que l'application de ces lois a pu parfois rencontrer en Italie, voy. Ficker, p. 224-225. — Notons en terminant que le plus ancien livre de droit coutumier allemand, le *Sachsenspiegel*, écrit probablement peu d'années avant 1235 (*Hansische Geschichtsblaetter*, 1876, p. 102-103), condamne également les hérétiques au feu : II, 13, § 7 : « Swilch cristen man ungeloubic ist oder mit zcoubere umme gêt oder mit vergifnisse, unde des verwunden wirt, den sal man ûf der hurt burnen. » (*Sachsenspiegel*, éd. de Weiske et Hildebrand, 1877, p. 47.)

dernières années du XIIe siècle, ils ont été habituellement tolérés ; — (*c*) à la fin du XIIe siècle et au commencement du XIIIe siècle, ils ont été punis du bannissement, de la confiscation des biens, etc.

III. — *Pendant le treizième siècle* se sont établies dans tous les pays des lois ou des coutumes qui condamnaient les hérétiques au feu, et ce supplice est ainsi devenu universellement la peine légale de l'hérésie.

Imprimerie Daupeley-Gouverneur, à Nogent-le-Rotrou.

www.ingramcontent.com/pod-product-compliance
Lightning Source LLC
LaVergne TN
LVHW010034230826
846091LV00005B/1695

* 9 7 8 2 0 1 3 4 5 6 1 9 7 *